买卖典籍系列

可转债
常盈九招
短线狙击术

树帆

树帆转债研究院 ◎ 编著

中国宇航出版社
·北京·

内 容 提 要

本书由树帆转债研究院精心打造，深度解析可转债"进可攻、退可守"的投资优势。书中系统拆解 T+0 机制下八大套利模型，涵盖正股涨停联动、"妖债"波动捕捉等策略，每个模型均以券商真实交割单为案例，并附风控参数表。针对可转债基金"熊市抗跌、牛市跟涨"的特性，提出"债股收益比监测指标"与熊转牛套利策略，揭秘机构资金配置逻辑。全书以多张实战图表揭示投资规律，通过日内交易费用对比验证散户高频套利可行性，基于五年"妖债"数据提炼量价预警公式。无论是可转债投资新手，还是成熟投资者，都能从中获得系统的知识体系与专业级投资策略。

版权所有　侵权必究

图书在版编目（CIP）数据

常盈九招：可转债短线狙击术 / 树帆转债研究院编著. -- 北京：中国宇航出版社，2025.6. -- ISBN 978-7-5159-2546-2

Ⅰ．F830.91

中国国家版本馆CIP数据核字第2025M6T323号

责任编辑	谭 颖	封面设计	李海蓝

出 版 发 行	中国宇航出版社		
社　址	北京市阜成路8号　邮　编 100830	版　次	2025年6月第1版
	（010）68768548		2025年6月第1次印刷
网　址	www.caphbook.com	规　格	889×1194
经　销	新华书店	开　本	1/16
发行部	（010）68767386　（010）68371900	印　张	3.75
	（010）68767382　（010）88100613（传真）	字　数	50 千字
零售店	读者服务部　（010）68371105	书　号	ISBN 978-7-5159-2546-2
承　印	天津画中画印刷有限公司	定　价	59.00 元

本书如有印装质量问题，可与发行部联系调换

《常盈九招：可转债短线狙击术》编委会

卓妍　新升　常宏　惠连彰　高恺　李章廷

傅隆　彦明　明宇

目录

PART 01 概况
认识可转债 ———————————————————— 1

PART 02 可转债的特点
一、可债可股,下有保底,上不封顶 ———————— 2

二、可日内T+0交易,适合反复套利 ———————— 2

三、交易费用低 ————————————————— 2

四、涨幅大,易炒作,容易出"妖债" ———————— 2

PART 03 可转债短线套利模型
一、正股涨停套利模型 ————————————— 4

二、集合竞价套利模型 ————————————— 9

三、T+0套利模型 ———————————————— 14

四、尾盘转股套利模型 ————————————— 18

五、配售套利模型 ——————————————— 25

六、强赎倒计时套利模型 ———————————— 30

七、均线金叉套利模型 ————————————— 38

八、"妖债"暴力波动套利模型 —————————— 43

目录

PART 04 可转债基金

一、特点：股市债市"两头吃" ······ 49

二、优势：亏小赚大 ······ 49

三、类型对比：风险收益吊打普通基金 ······ 49

四、使用场景：这4种人必买 ······ 50

五、终极意义：资产配置的"万能钥匙" ······ 50

六、可转债基金熊转牛套利模型 ······ 50

概况
认识可转债

股市跌宕起伏，你是否也在寻找一种"进可攻、退可守"的投资选择？

可转债——这个被誉为"投资变形金刚"的金融工具，或许就是你期待已久的答案。简单来说，可转债就是上市公司发行的会"变身"的债券。当股价上涨时，它能像股票一样获取超额收益；当股市行情低迷时，又能守住债券的保底价值。

相较于股市的"过山车"行情，可转债天然具备三重优势：熊市里债券属性托底（到期还本付息）；牛市中转股收益不设上限（最高可达数倍涨幅）；震荡市里条款博弈创造超额机会（强制赎回、下修转股价等特殊机制）。

翻开本书，你将系统掌握这个"攻守兼备"投资工具的核心玩法。
1. 如何利用"债底保护"构建安全垫。
2. 怎样捕捉"转股期权"的爆发机会。
3. 条款博弈中的套利密码。
4. 市场波动中的攻防转换策略。

可转债套利密码现在正式开启。

可转债的特点

一、可债可股，下有保底，上不封顶

作为债券，可转债可以到期还本付息。在股票价格上涨的时候，可转债可以转换成股票，享受股票价格上涨的收益。收益下有保底，上不封顶，投资风险低。

二、可日内T+0交易，适合反复套利

可转债实行日内T+0交易，可随买随卖，交易灵活，能提升资金利用效率，降低交易风险，更容易把握交易机会，适合反复进行套利操作。

三、交易费用低

可转债交易费用只有券商佣金，没有印花税和过户费。交易佣金最低一般为1元，而股票的交易佣金最低为5元，整体交易成本比股票低，更适合交易频繁的散户。

四、涨幅大，易炒作，容易出"妖债"

可转债上市首日设置-43.3%至57.3%的涨跌幅限制，次日起，涨跌幅限制为±20%。这样的涨跌幅设置容易引来资金炒作，动不动就会出现翻倍收益、十倍以上收益，甚至百倍收益历史上也曾出现过。

可转债短线套利模型

你是否厌倦了在股市中追涨杀跌？是否想找到一种"当日交易、高频获利"却无需承担高风险的套利方式？可转债市场潜藏的九大短线套利模型，正是机构投资者秘而不宣的"捡钱密码"。

与传统长线投资不同，可转债短线套利通过捕捉"规则漏洞"（如T+0交易机制）、"条款红利"（下修转股价触发套利空间）、"定价偏差"（折溢价瞬时回归）等制度性机会，能在数小时甚至几分钟内锁定确定性收益。

翻开本章，你将解锁一套全天候作战工具：从早盘集合竞价到收盘前3分钟，从熊市到牛市，用规则套利穿越牛熊周期。每一笔交易都带有"安全气囊"，每一次操作都暗含期望值为正的系统优势——这才是专业投资者与散户的本质区别。

接下来，本书将用九大可转债短线套利模型，展示可转债投资"下有保底、上不封顶"的独特魅力，手把手带你在风险与收益的天平上找到最佳平衡点。无论是追求稳健理财的新手，还是渴望进阶的资深投资者，这都是一本不容错过的投资实战宝典。

一、正股涨停套利模型

（一）套利空间（3%~15%）

根据2025年市场数据及策略回测，可转债套利空间通常在3%~15%之间，极端案例可达50%以上，具体取决于持有周期、行业属性和风险对冲策略。

（二）套利原理

正股涨停后买入可转债的套利逻辑，本质是利用正股涨停板限制下的流动性外溢效应，通过转债间接参与正股的后续上涨，即正股涨停后，资金可能转向可转债，推动转债价格上涨，形成套利机会。

（三）套利方案

第一步：选涨停个股。

1. 正股涨停板封单占流通盘的比率大于0.5%。

工具：同花顺电脑版软件、通达信电脑版软件。

通过同花顺电脑版软件股债联动功能，找出当天涨停的全部正股。

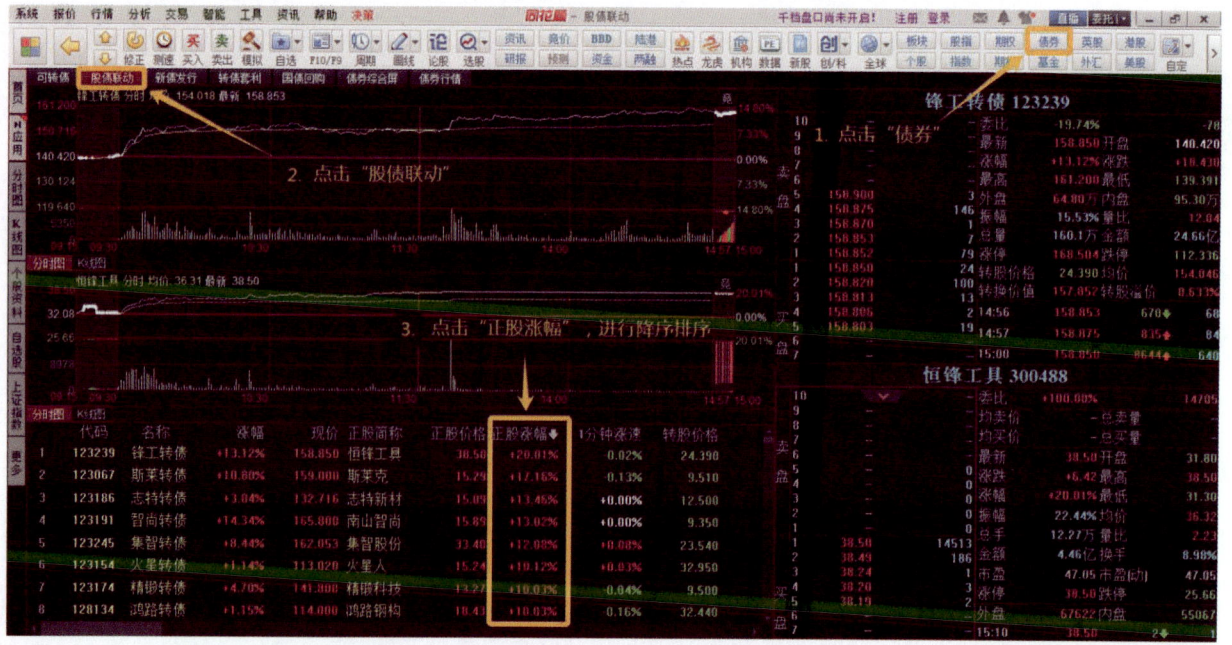

通过通达信电脑版软件，查看每只涨停正股的涨停封单占流通盘的比率是否大于0.5%。

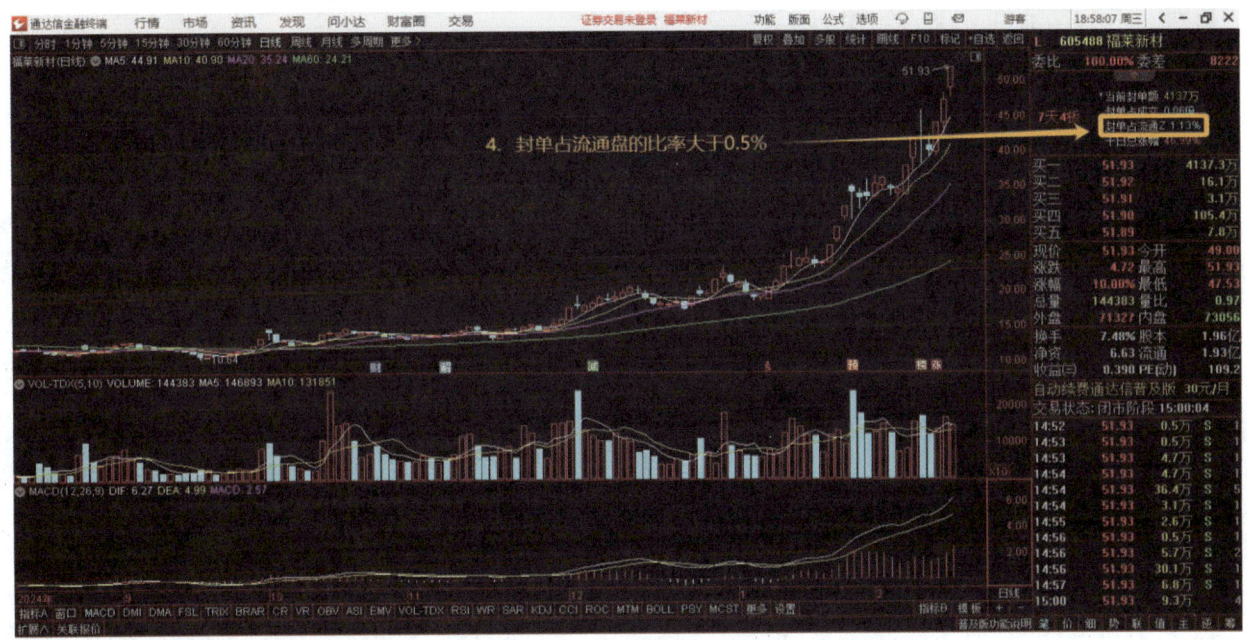

2. 正股属于市场热门主线。

工具：同花顺电脑版软件。

涨停原因强势的个股（如政策利好、业绩超预期），正股连板预期高。

可转债短线套利模型

第二步：选安全转债。

1. 可转债剩余规模小于等于8亿元。

工具：同花顺电脑版软件。

小盘转债易被资金撬动，套利空间更大。

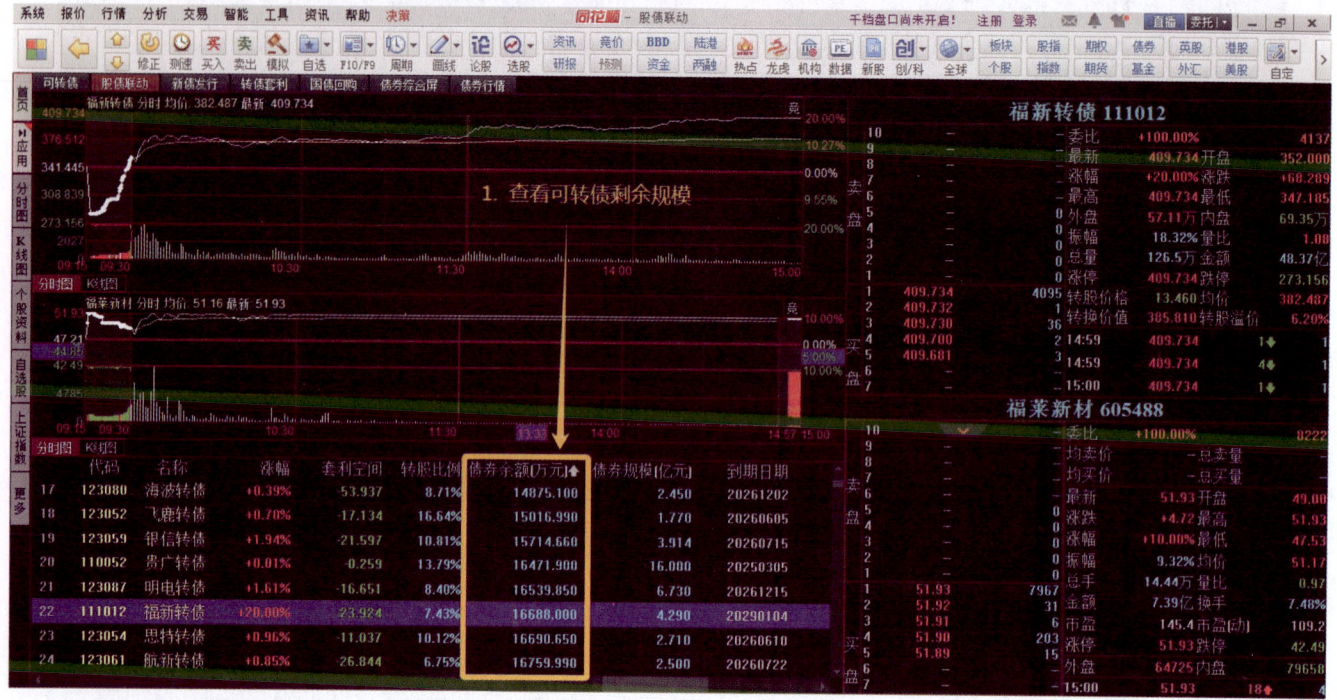

2. 转债日成交额大于5000万元。

工具：同花顺电脑版软件。

转债日成交额需充足（如大于5000万元），避免流动性不足的风险。

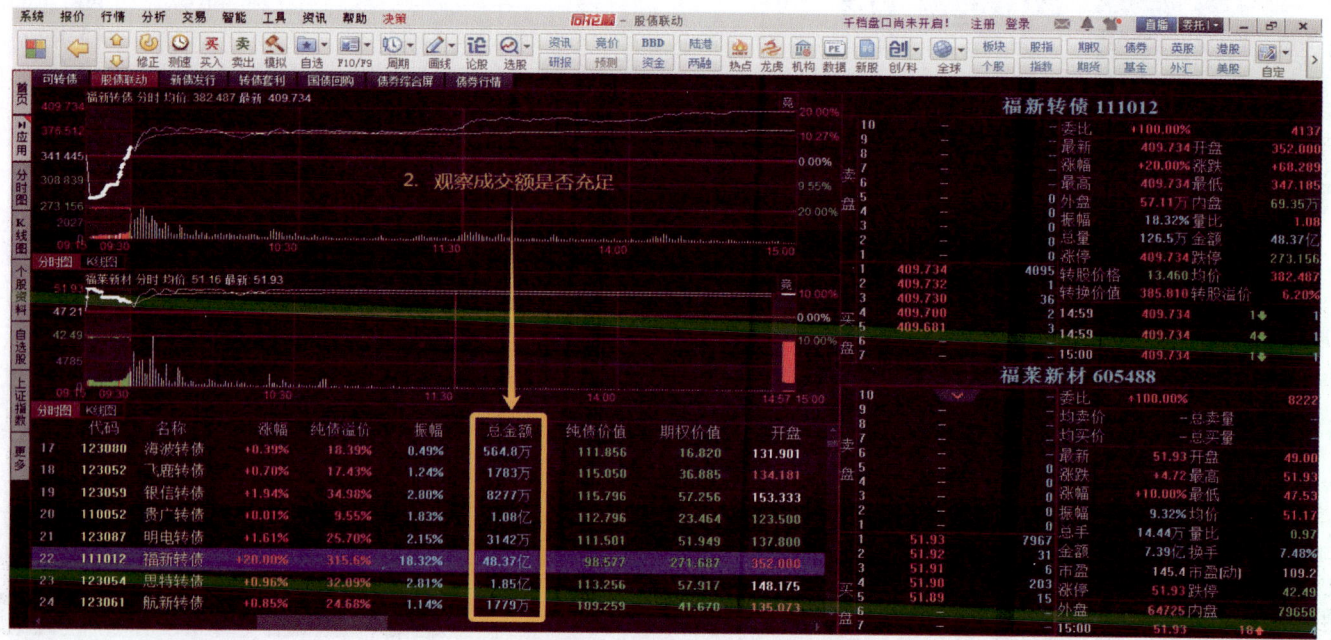

3. 转股溢价率小于5%。

工具：同花顺电脑版软件。

低转股溢价率降低套利风险（溢价率=转债价格/转股价值-1）。

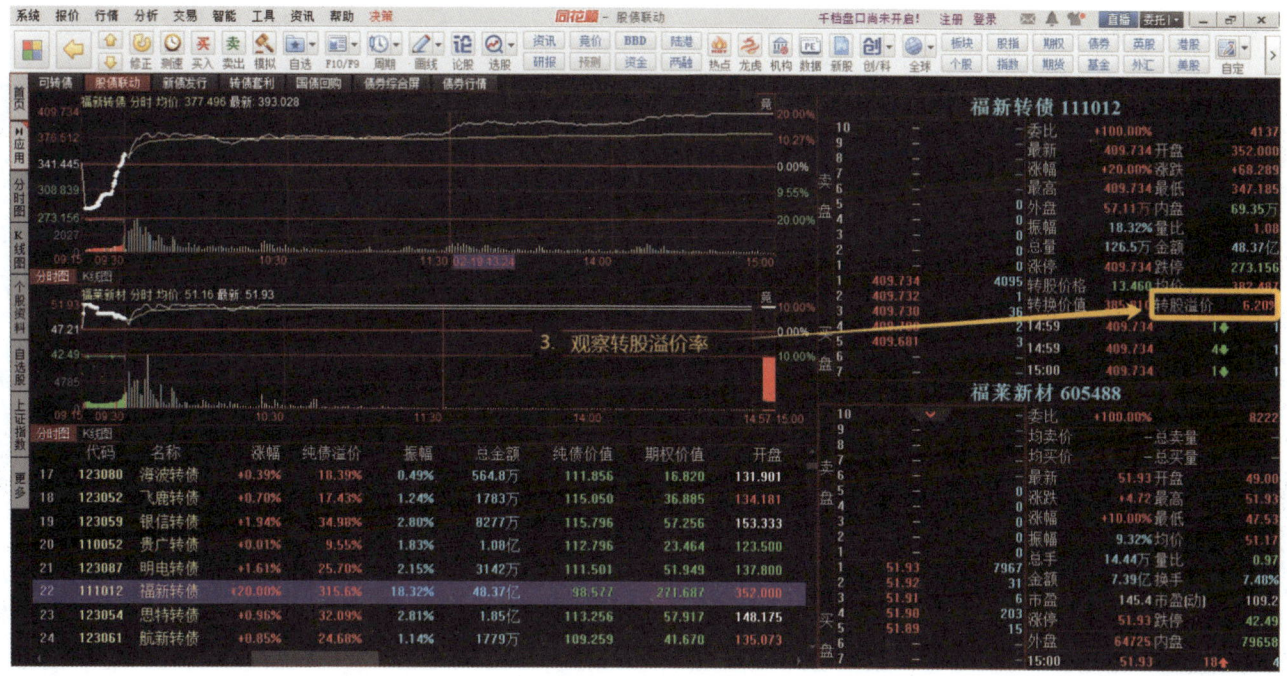

第三步：买入转债。

1. 在正股涨停后，观察转债是否跟随上涨且转股溢价率未大幅拉升。

工具：同花顺电脑版软件。

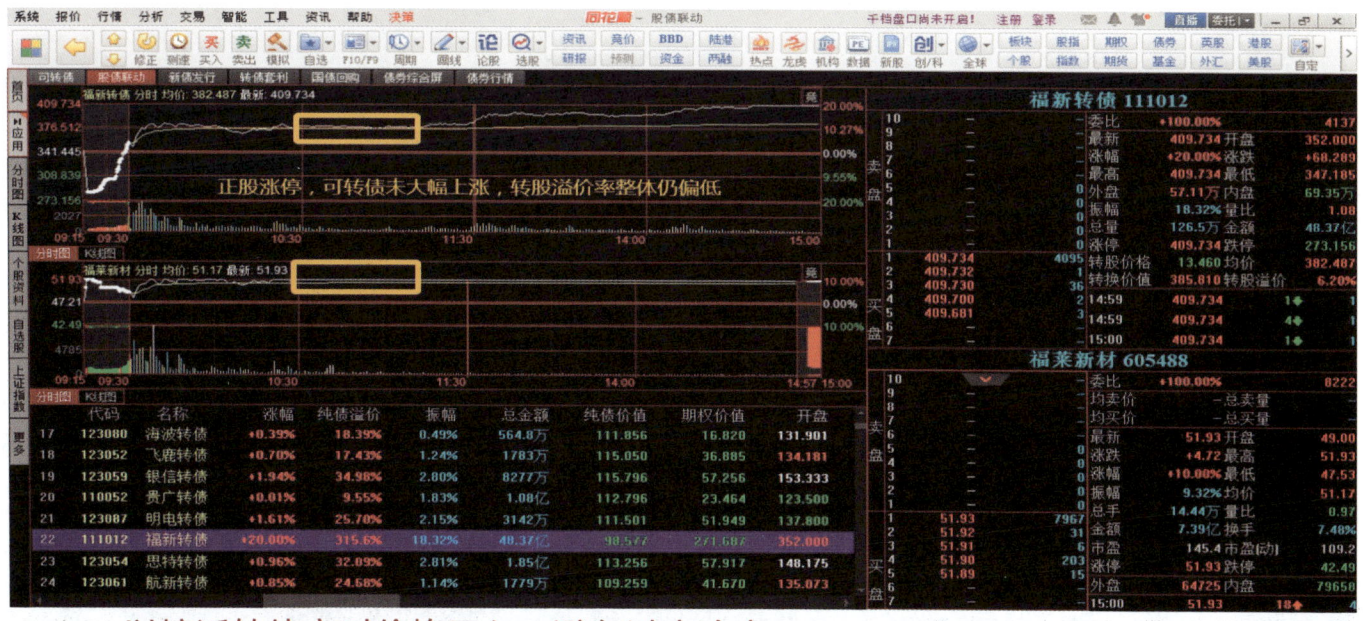

2. 以接近转债实时价格买入，避免过度追高。

工具：证券账户。

可转债短线套利模型

第四步：卖出转债。

1. 当天收盘时卖出。

工具：同花顺电脑版软件、证券账户。

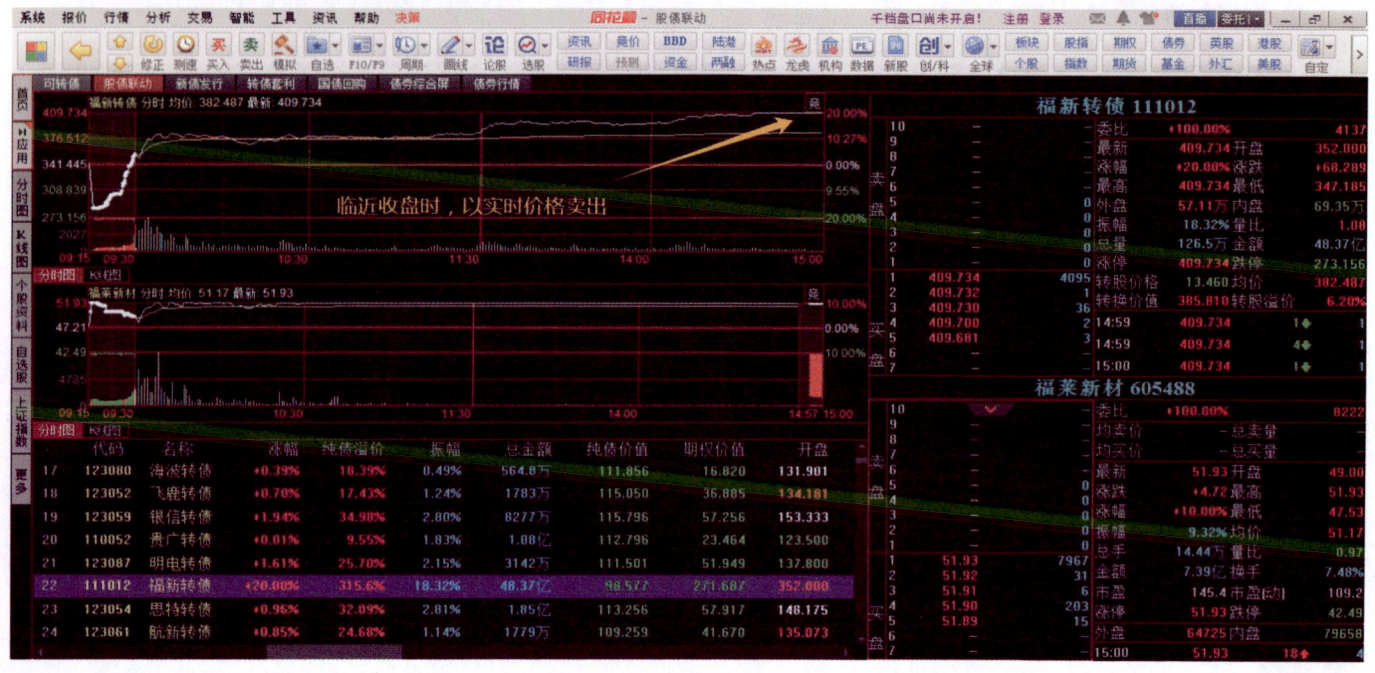

2. 下个交易日正股未能涨停时卖出。

工具：同花顺电脑版软件、证券账户。

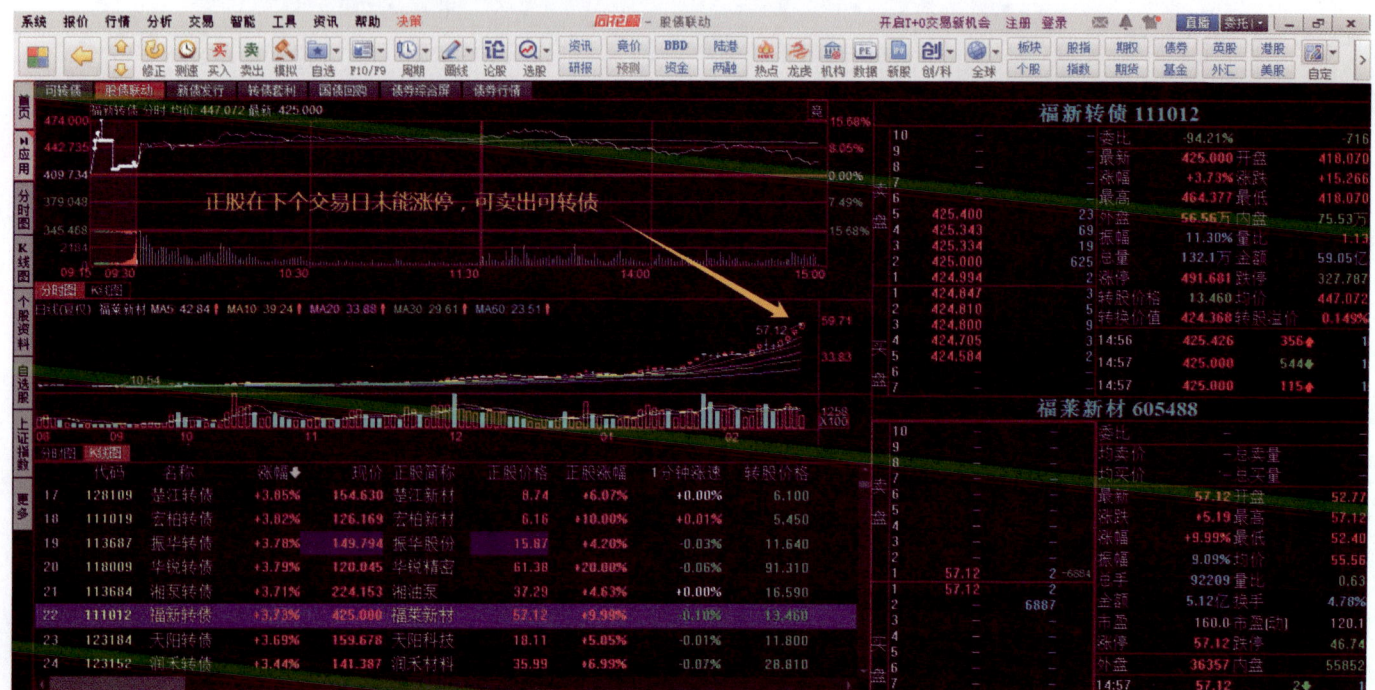

二、集合竞价套利模型

（一）套利空间（3%~8%）

若正股在早盘集合竞价期间涨停且封单强劲，此时可转债因涨跌幅空间大，会引来资金追捧，一般会有3%~8%的套利空间。如果次日正股继续涨停，套利空间还会更大。

（二）套利原理

集合竞价套利即利用正股集合竞价的时间，提前发现强势正股，尤其是能够冲击涨停的正股，利用时间差，及时买入强势正股的可转债进行套利。

（三）套利方案

第一步：明确集合竞价时间与规则。

工具：证券账户。

集合竞价时间段：

9:15—9:25，沪市、深市相同。

9:15—9:20，可挂单、撤单（注意虚假挂单风险）。

9:20—9:25，仅挂单，不可撤单，需谨慎操作。

集合竞价价格限制：

非首日涨跌幅±10%（沪市超范围挂单直接废单，深市保留委托）。

第二步：筛选可转债。

1. 集合竞价期间正股涨停。

工具：同花顺电脑版软件。

可转债短线套利模型

2. 转股溢价率小于5%。

工具：同花顺电脑版软件。

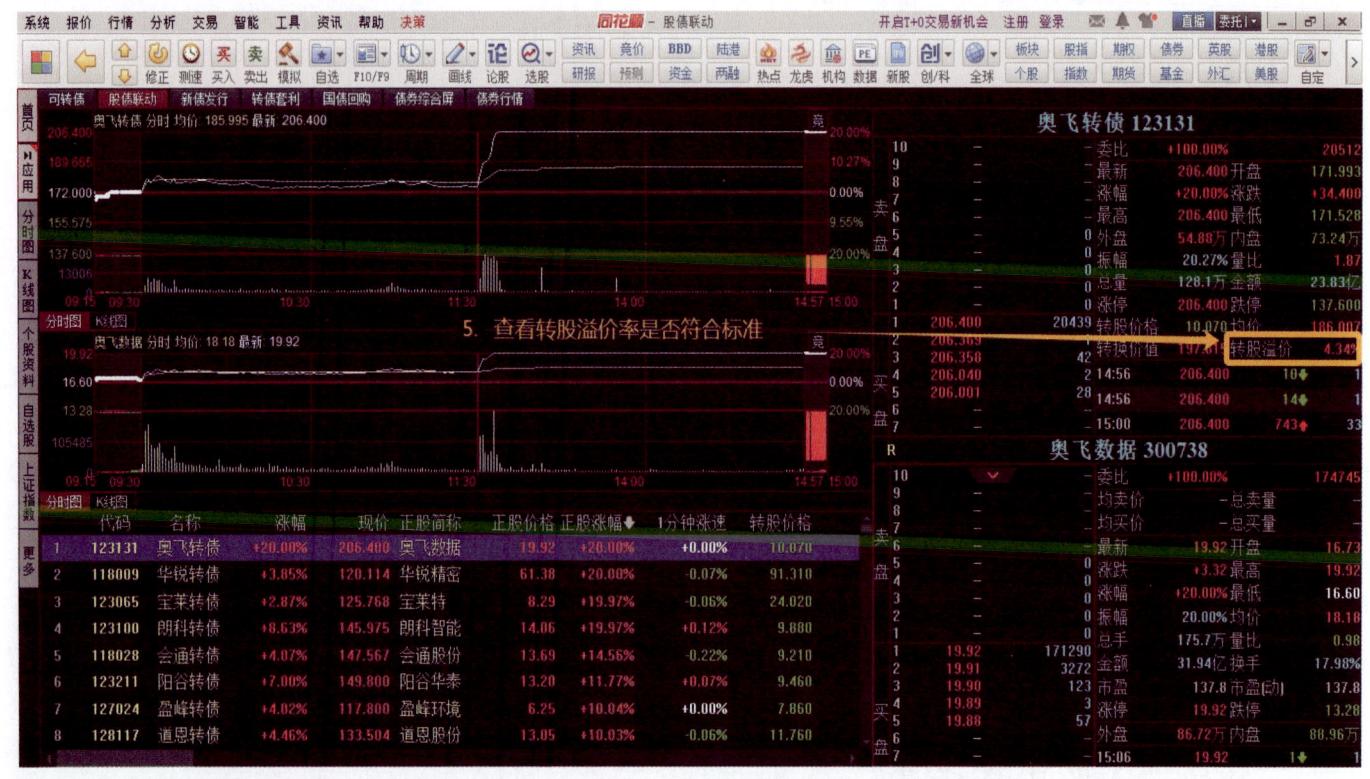

3. 涨停正股有利好加持。

工具：同花顺电脑版软件。

涨停正股有利好加持，如业绩预增、政策刺激等，可在同花顺个股页面查看。

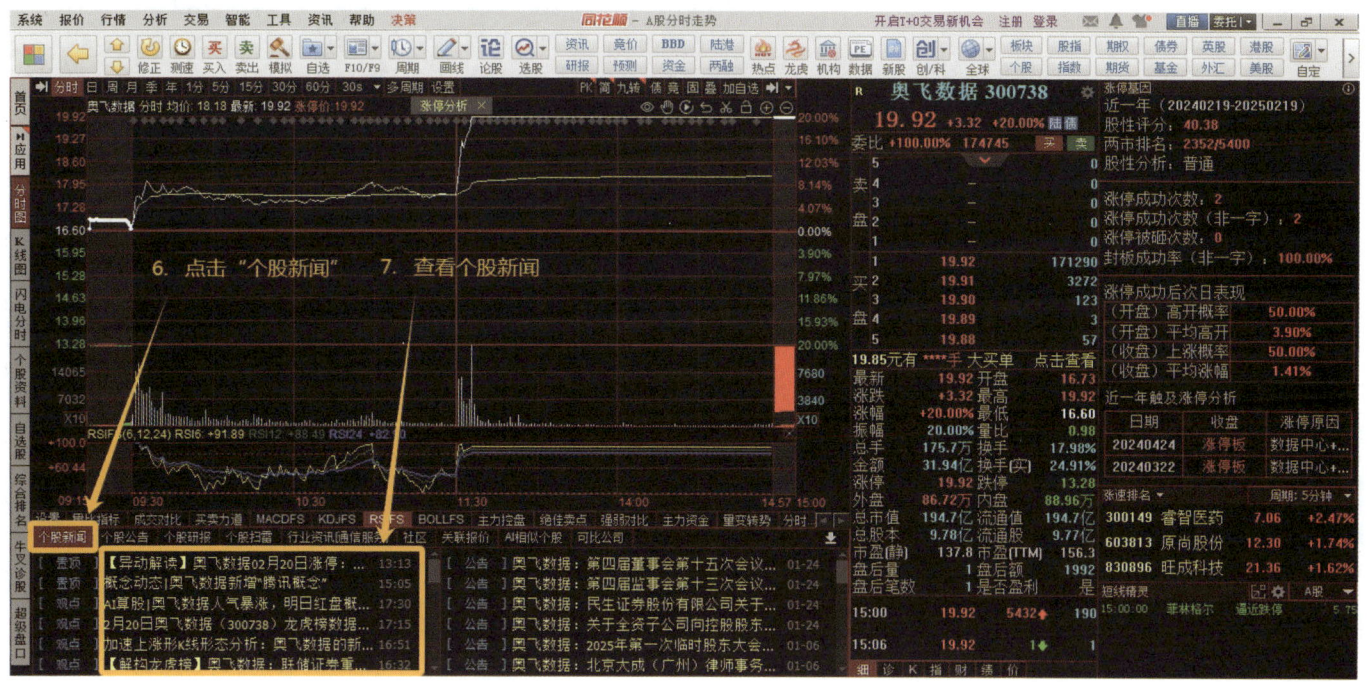

第三步：买入可转债。

1. 在集合竞价期间买入。

工具：同花顺电脑版软件、证券账户。

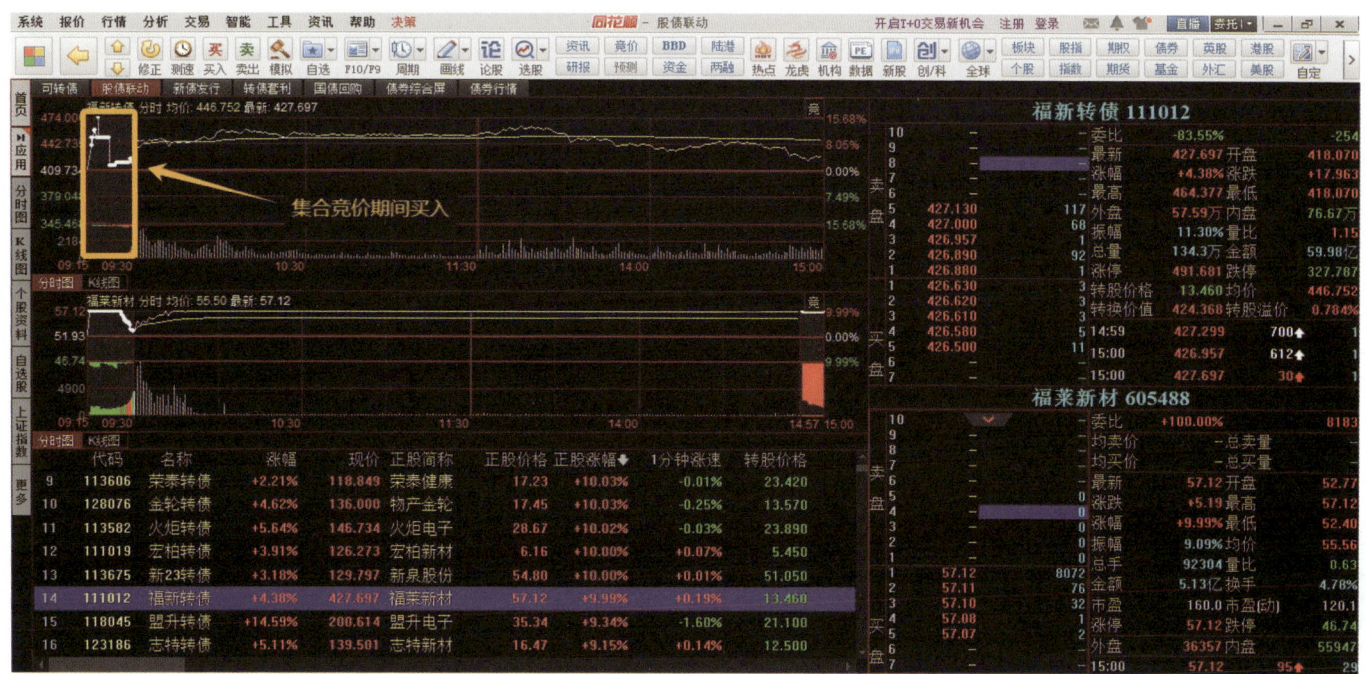

可转债短线套利模型

2. 开盘后买入。

工具：同花顺电脑版软件、证券账户。

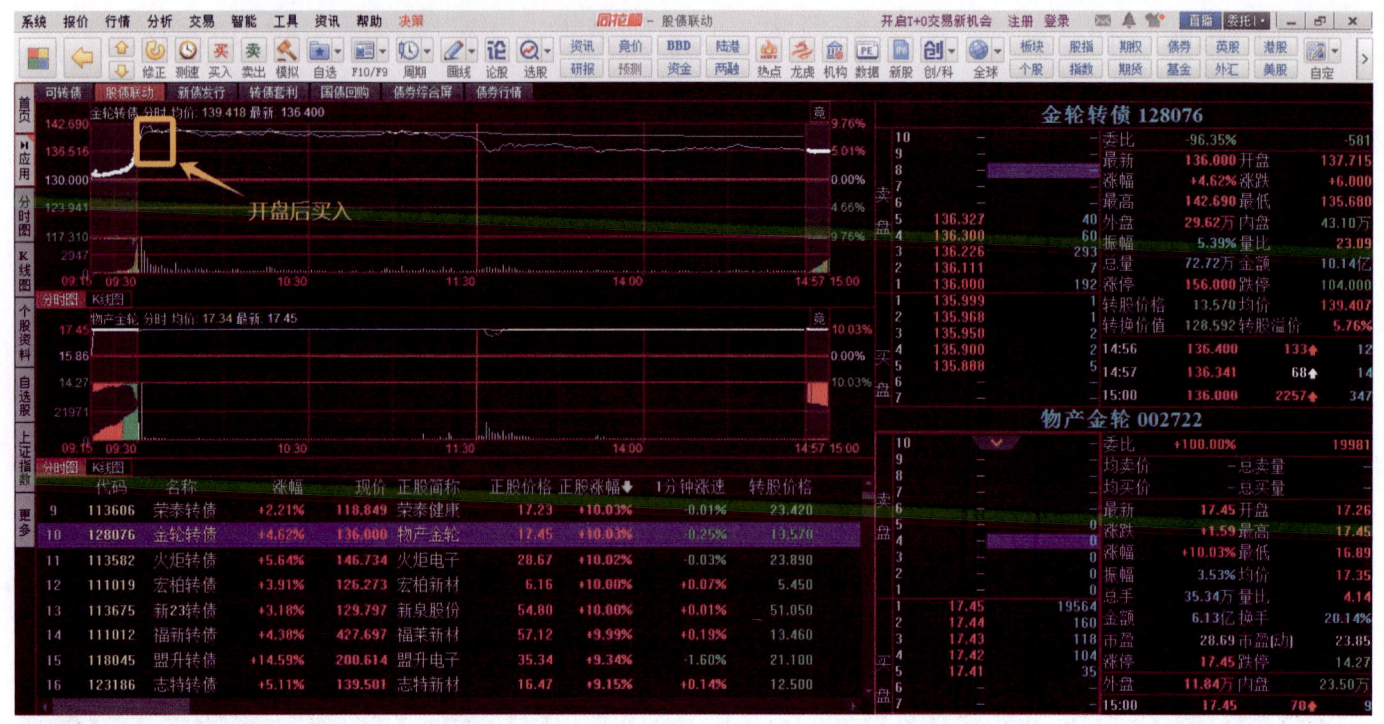

第四步：卖出可转债。

1. 买入收益大于3%时止盈卖出。

工具：同花顺电脑版软件、证券账户。

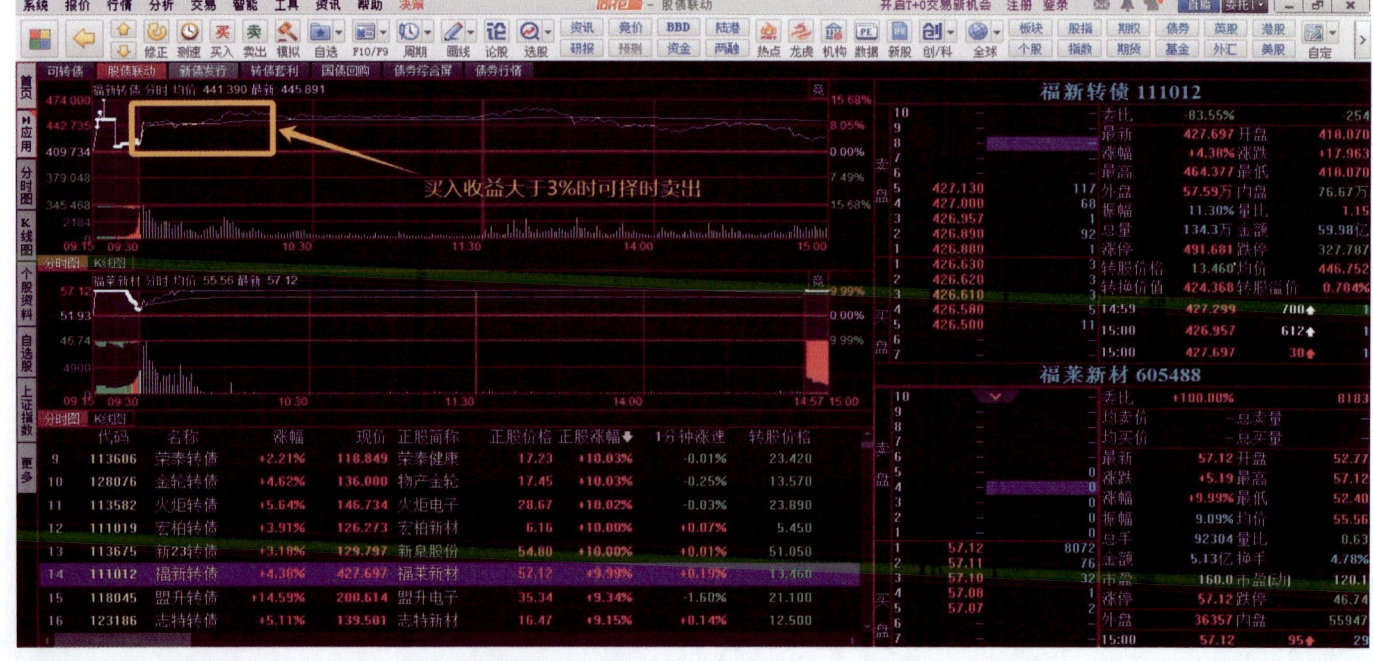

2. 开盘后价格跌幅大于买入价2%止损卖出。

工具：同花顺电脑版软件、证券账户。

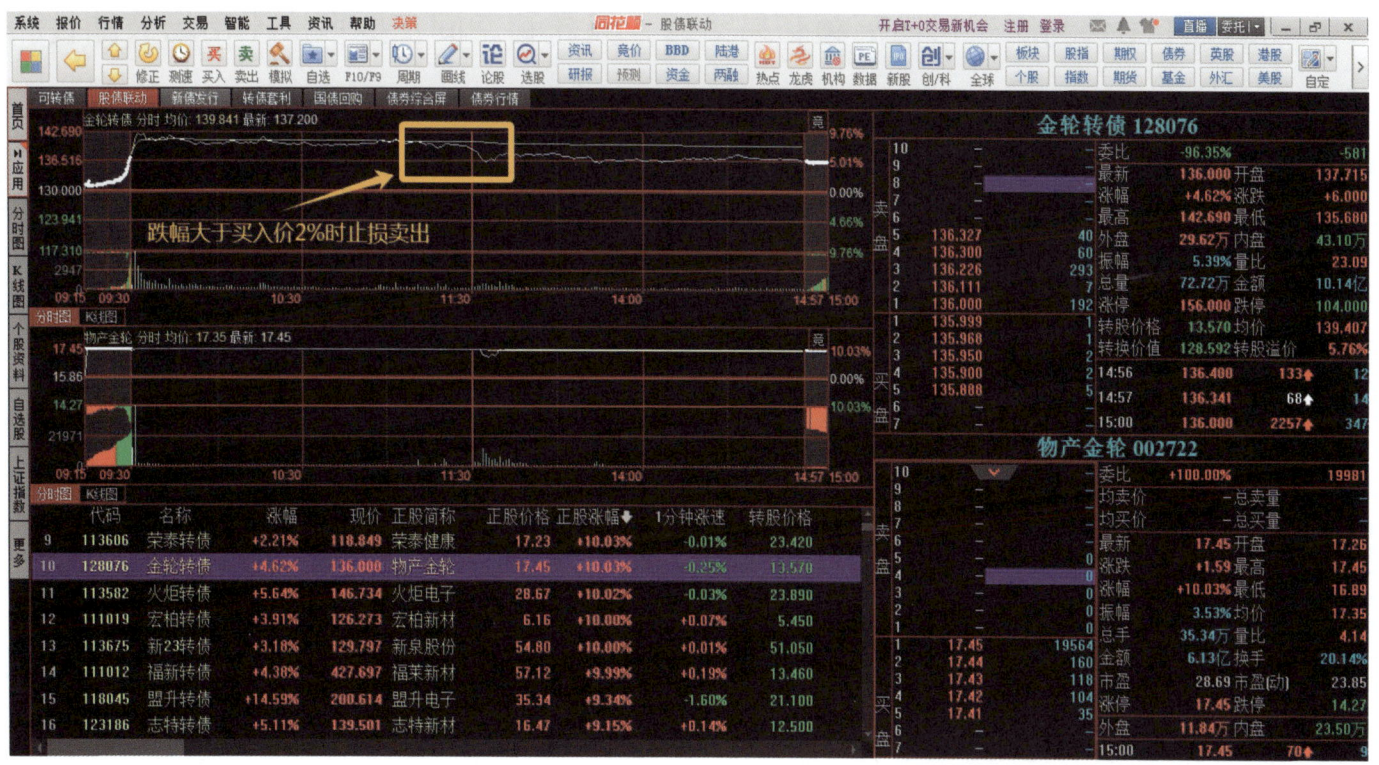

三、T+0套利模型

（一）套利空间（2%~5%）

可转债T+0套利属于日内高频交易策略，其盈利空间主要取决于市场波动性和操作精准度，单次交易获利通常在0.5%~2%之间。通过日内多次操作（如3~5次），日收益率可提升至2%~5%，但需严格止损并控制手续费成本。当正股突发涨停或板块联动时，套利空间可能扩大至3%~5%，但需承担较高的波动风险。

（二）套利原理

可转债T+0套利，也称为分时均线套利，主要通过分析可转债价格与分时均线的互动关系，结合量能、正股走势，捕捉日内波动交易机会，其核心逻辑是利用均线支撑（压力）特性进行趋势跟随或反转交易。

（三）套利方案

第一步：筛选可转债。

1. 正股涨停。

工具：同花顺电脑版软件。

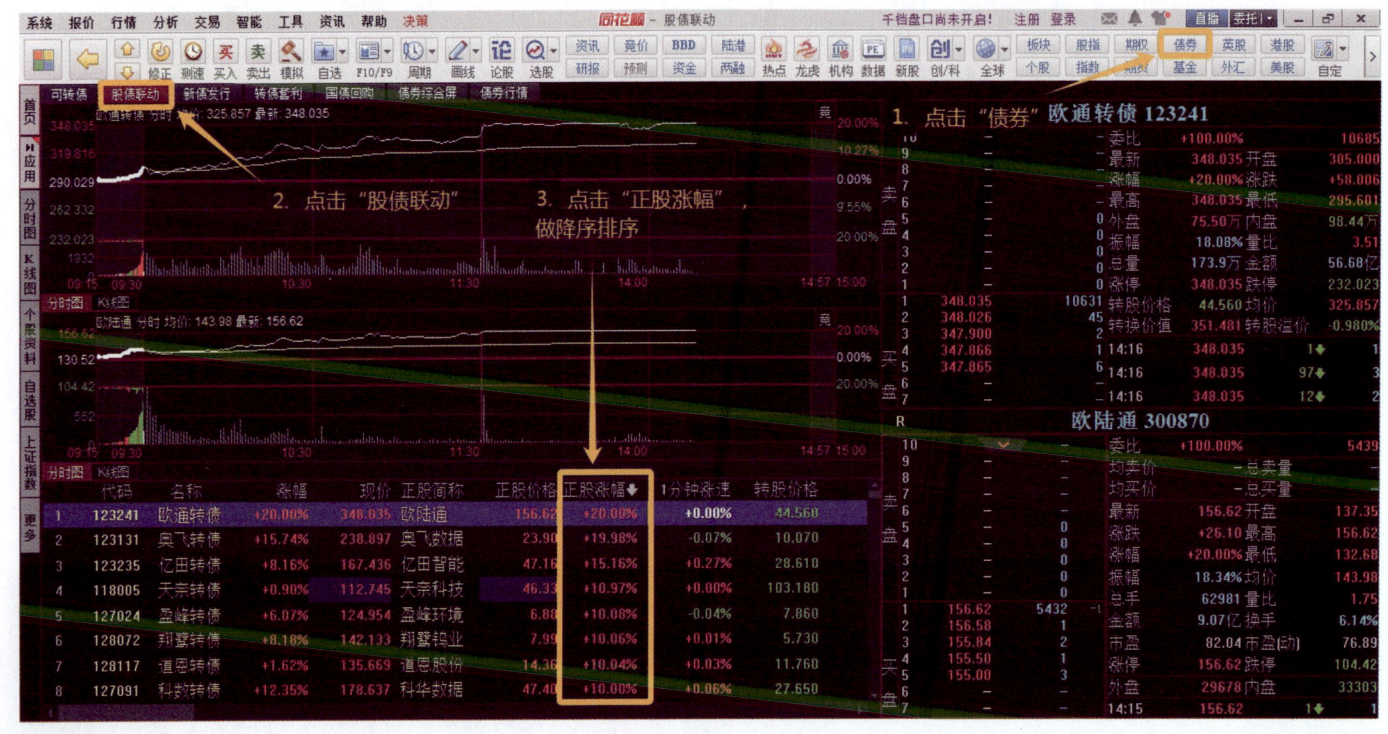

2. 可转债日均成交额大于5000万元。

工具：同花顺电脑版软件。

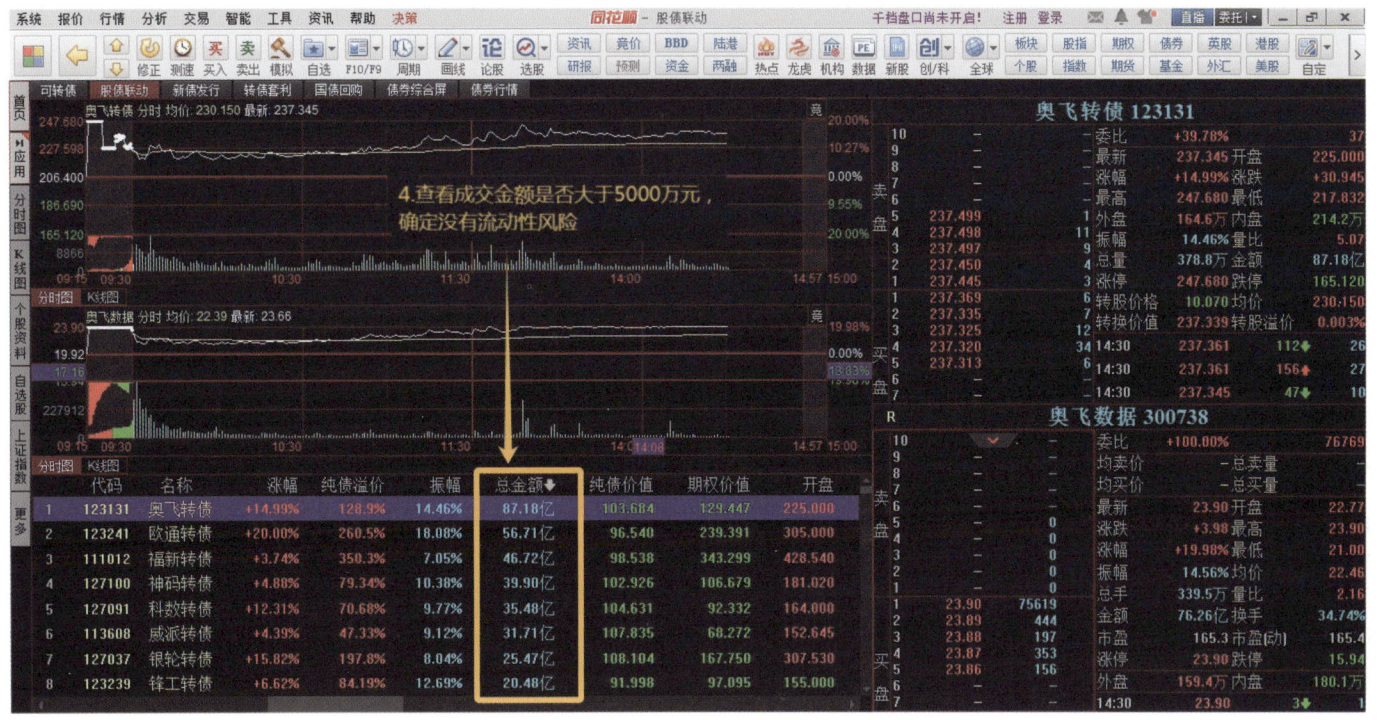

第二步：买入可转债。

1. 回踩均线不破。

工具：同花顺电脑版软件、证券账户。

在上涨趋势中，可转债价格回调至分时均线附近未跌破，且伴随缩量，可视为买入信号。

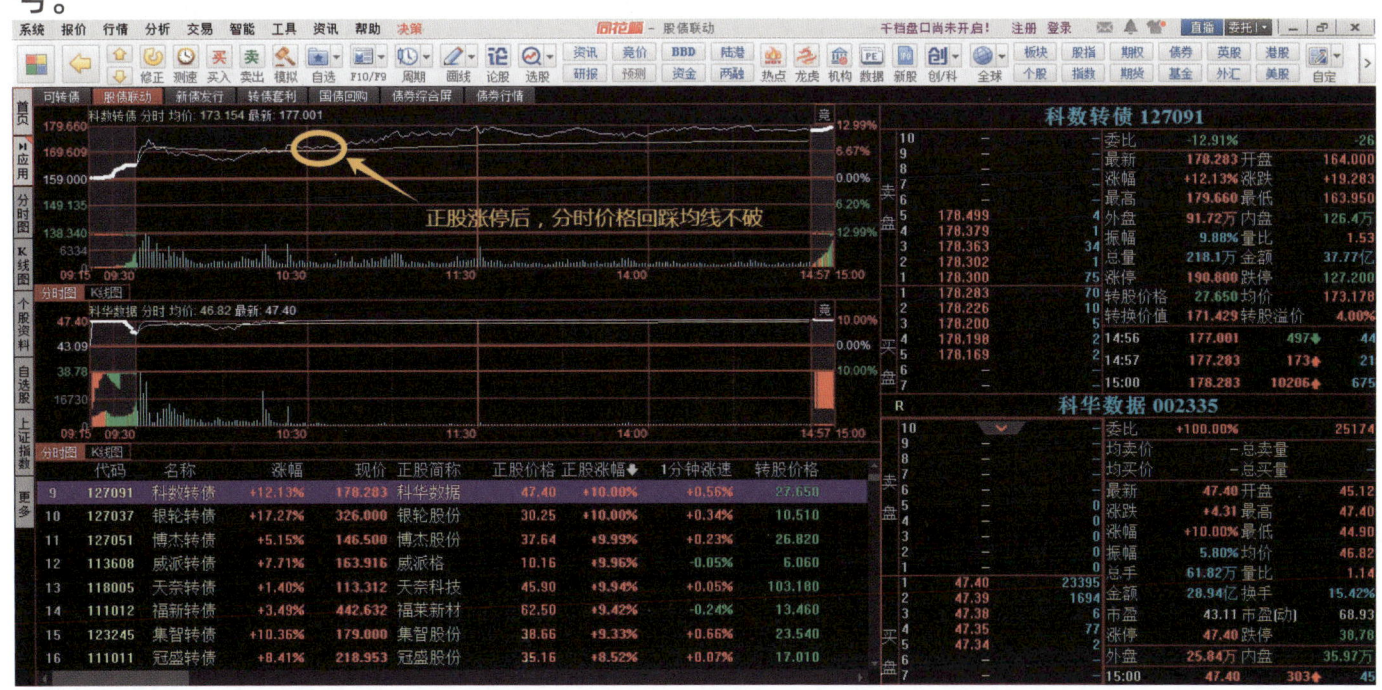

可转债短线套利模型

2. 突破均线站稳。

工具：同花顺电脑版软件、证券账户。

价格从均线下方放量突破并站稳，确认趋势反转后入场。

第三步：卖出可转债。

1. 买入收益大于2%时止盈卖出。

工具：同花顺电脑版软件、证券账户。

2. 跌破均线1%以上时止损卖出。

工具：同花顺电脑版软件、证券账户。

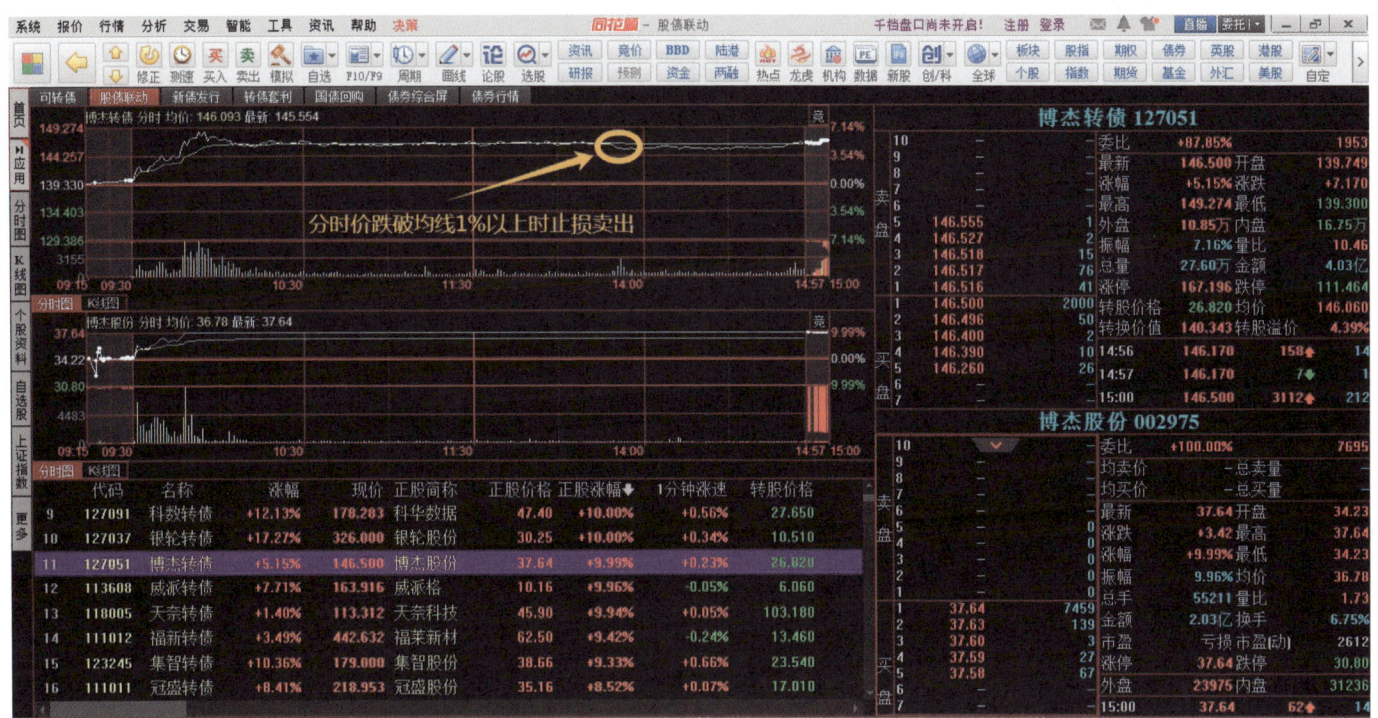

四、尾盘转股套利模型

（一）套利空间（0.5%~8%）

可转债尾盘转股套利的收益空间取决于负溢价率、正股波动性、转股周期成本等因素。根据历史数据（2020年—2025年），单次套利空间通常在0.5%~8%，极端情况下可达15%以上，但需承担正股下跌、流动性不足等风险。

（二）套利原理

尾盘转股套利是一种利用可转债（可转换债券）与正股价格差异获利的无风险套利策略，通常在转股溢价率为负时进行套利操作。

当尾盘可转债市价低于转股价值时，可转债存在折价，此时买入可转债，转换为股票后卖出，即可赚取差价。

（三）套利方案

第一步：筛选可转债。

1. 转股溢价率小于-3%且正股涨停。

工具：同花顺电脑版软件。

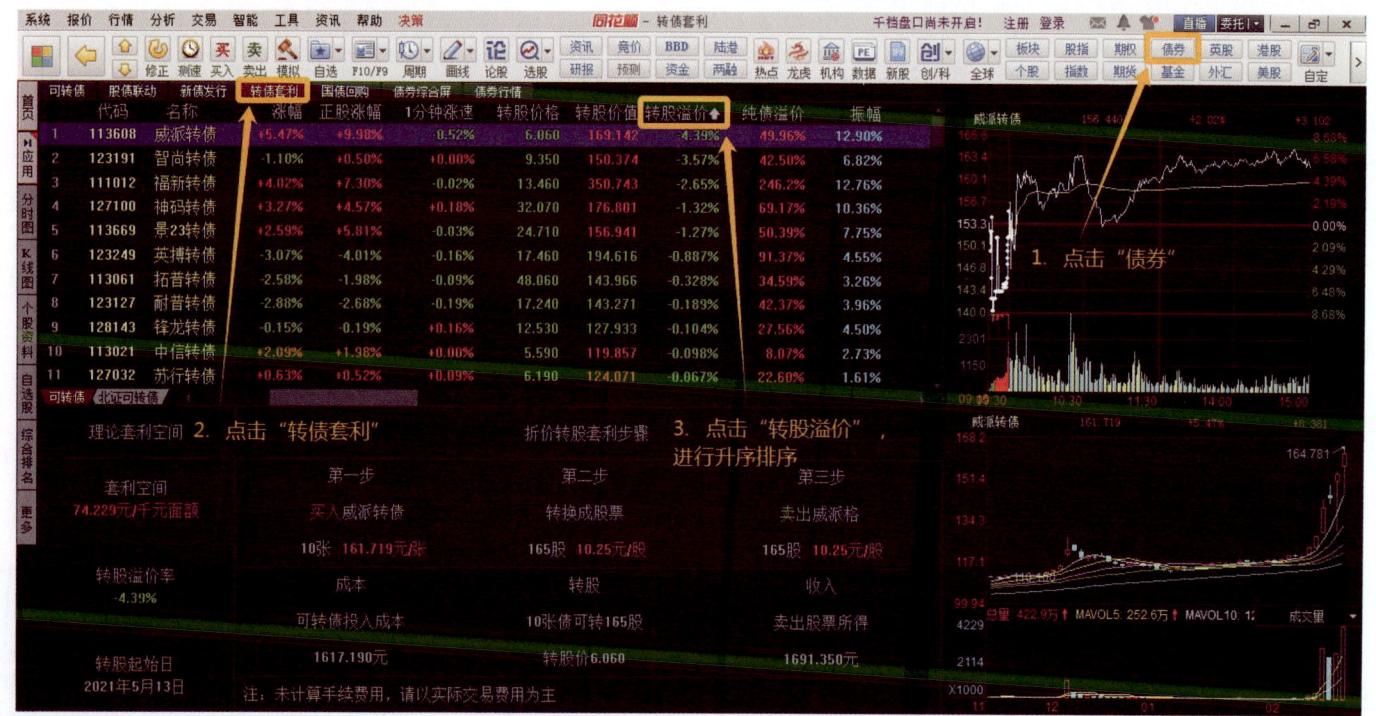

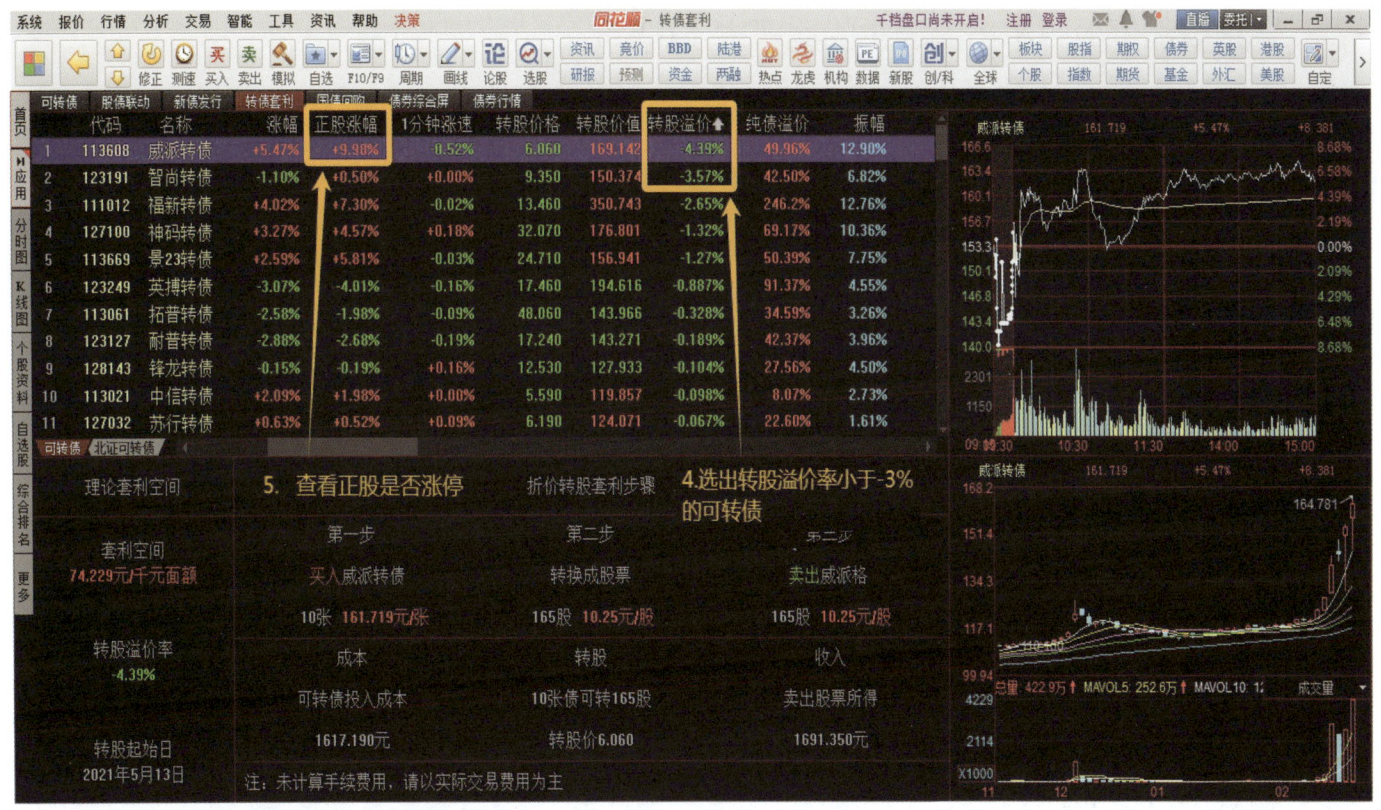

2. 可转债处在转股期内。

工具：同花顺电脑版软件。

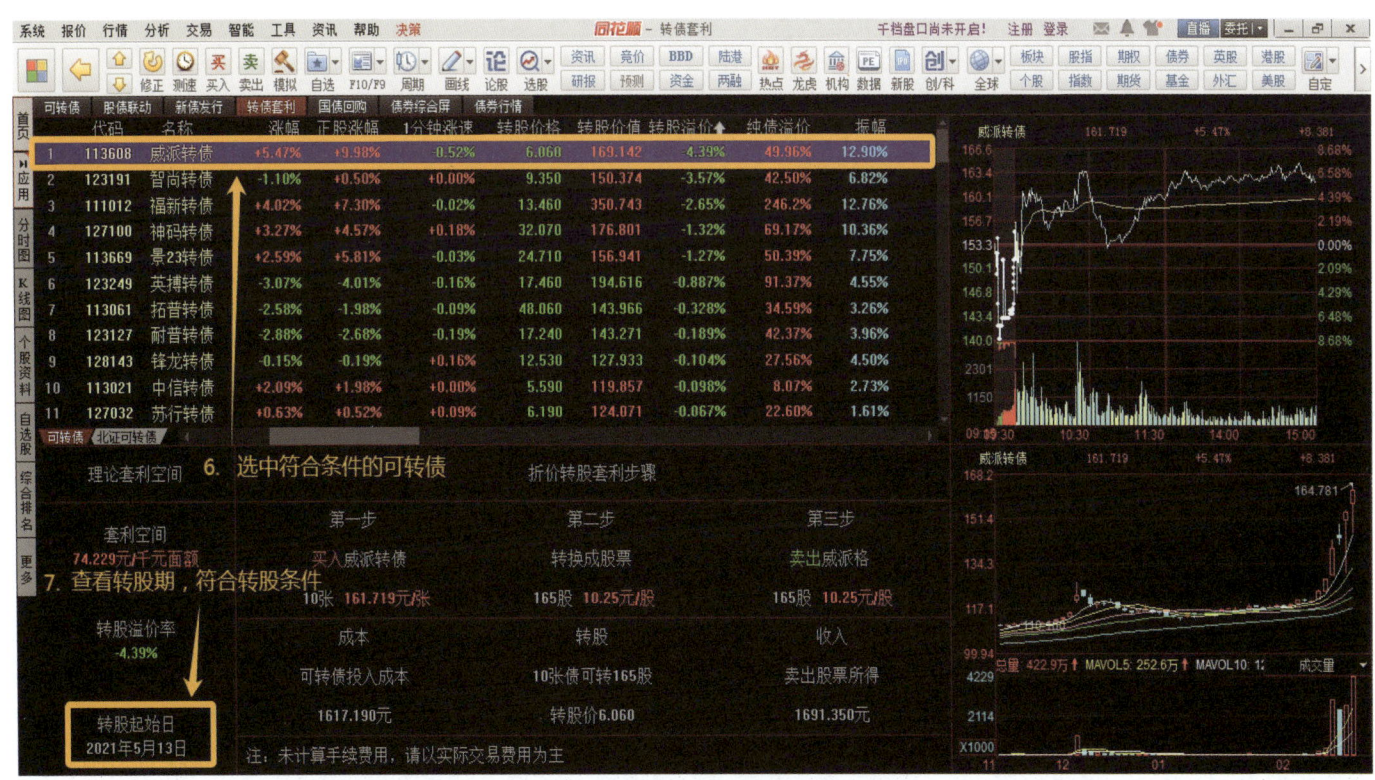

可转债短线套利模型

3. 正股涨停板封单占流通盘的比率大于0.5%。

工具：通达信电脑版软件。

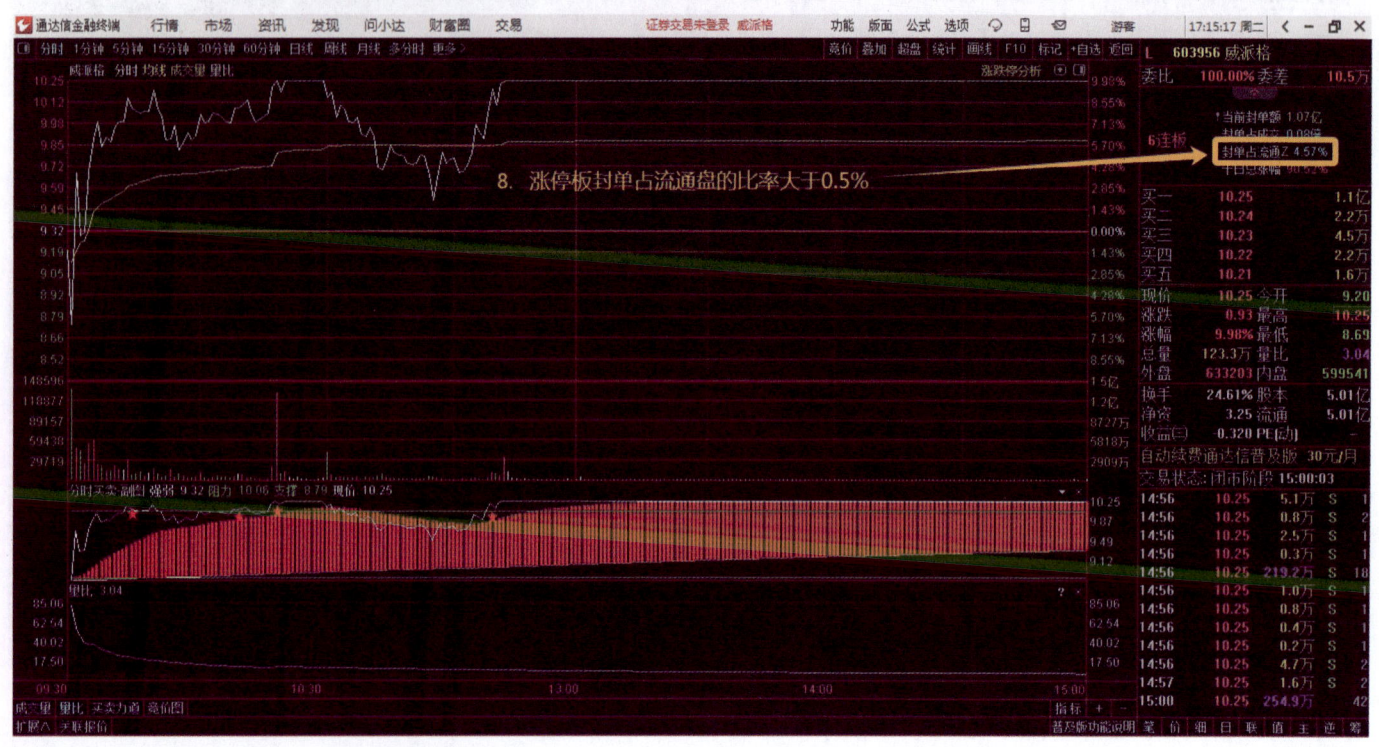

第二步：买入可转债。

1. 14:50时买入符合条件的可转债。

工具：通达信电脑版软件、同花顺电脑版软件。

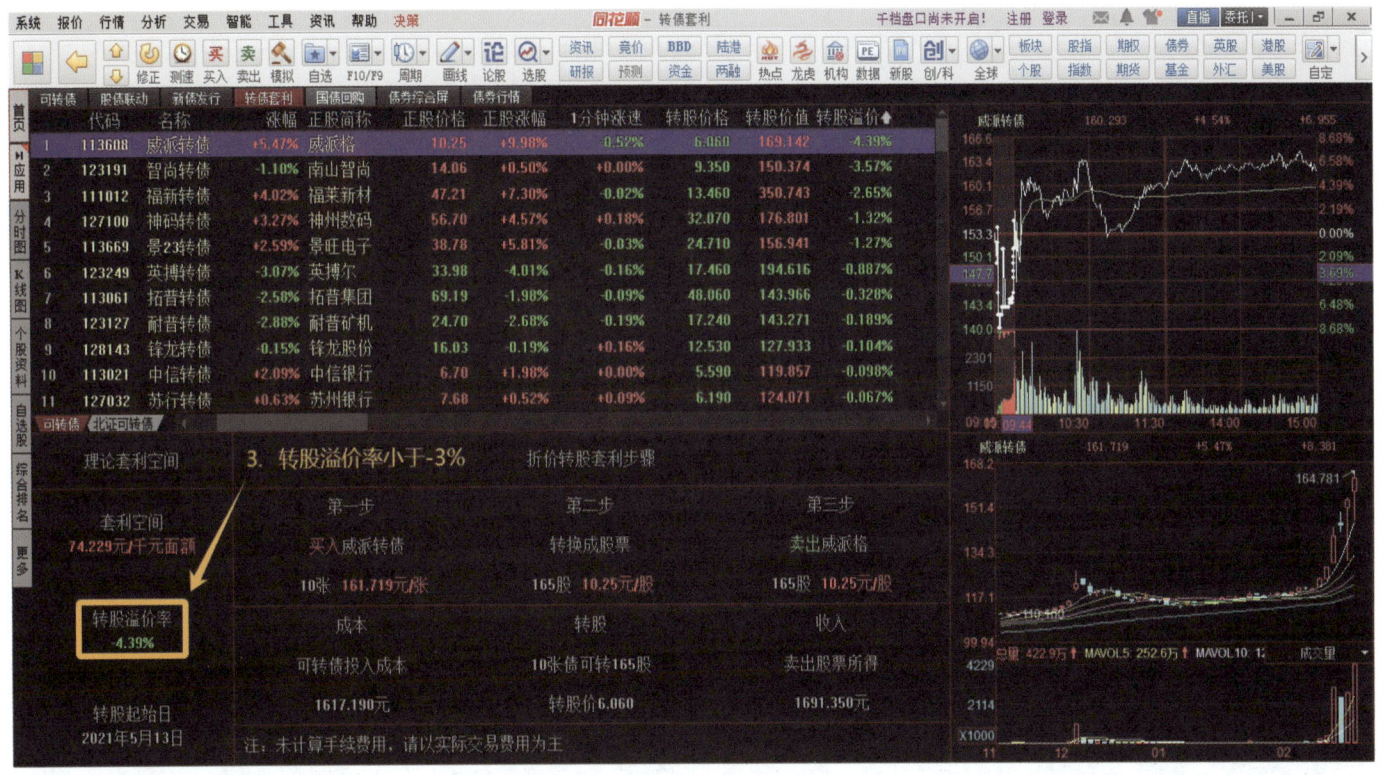

2. 确定买入数量。

工具：同花顺电脑版软件。

在二级市场买入足够数量的可转债（需为整数倍，如1手=10张）。

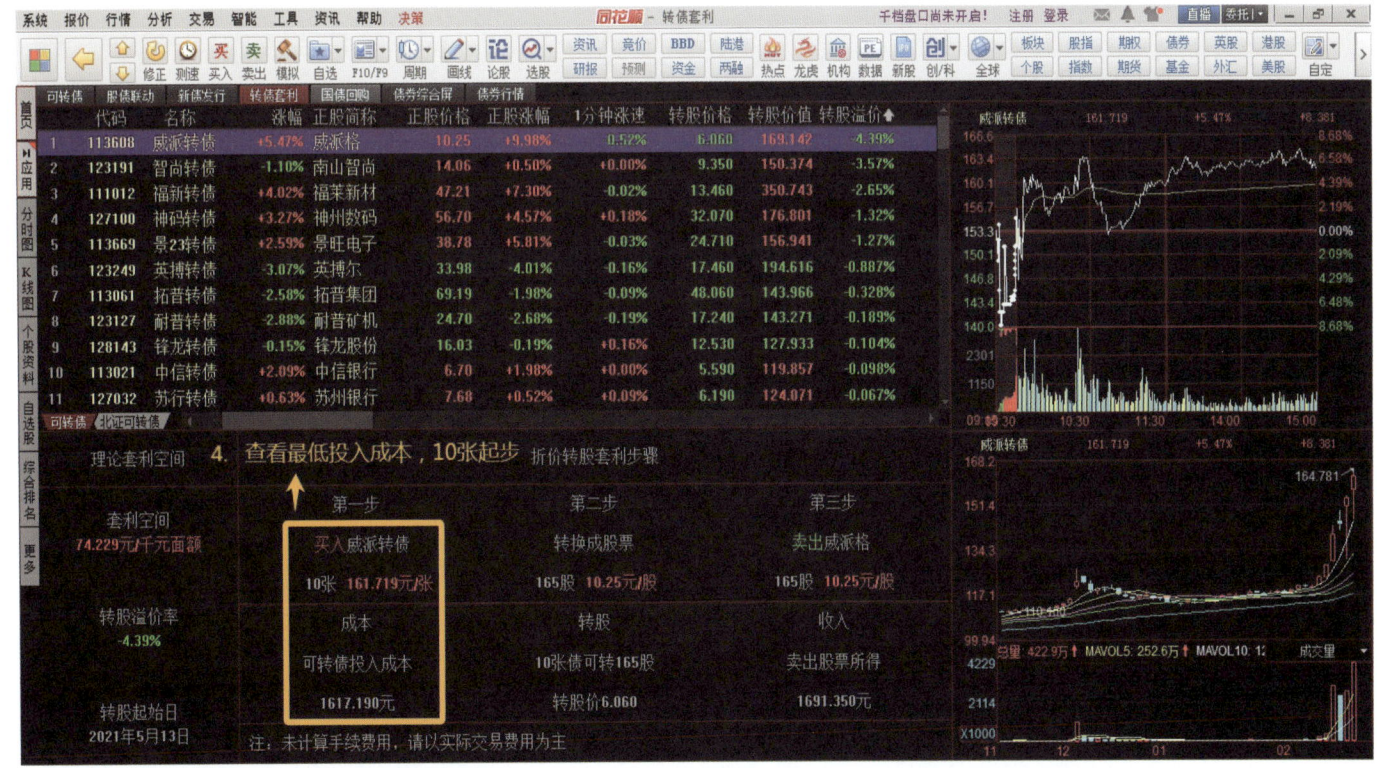

可转债短线套利模型

第三步：提交转股申请。

1. 查看转股数量。

工具：同花顺电脑版软件。

当天尾盘买入后，当天转股，第二天股票到账后卖出。

2. 证券账户转股操作。

工具：证券账户。

沪市：通过交易软件输入转股代码（如"转债代码"后五位变更为转股代码）。

深市：直接在交易界面选择"债转股"功能。

时间：交易日内操作，通常15:00前有效。

各证券公司债转股操作大同小异，这里用华泰证券举例说明。

操作步骤：

①点击"交易"；②点击"其他交易"；③点击"债转股"；④输入"转债代码"；⑤输入"债券数量"。

转股过程中输入数量时要注意一点，上海上市的可转债最低数量是1手，深圳上市的可转债最低数量是10张。

可转债短线套利模型

第四步：股票到账与卖出。

1. 查看套利空间。

工具：同花顺电脑版软件。

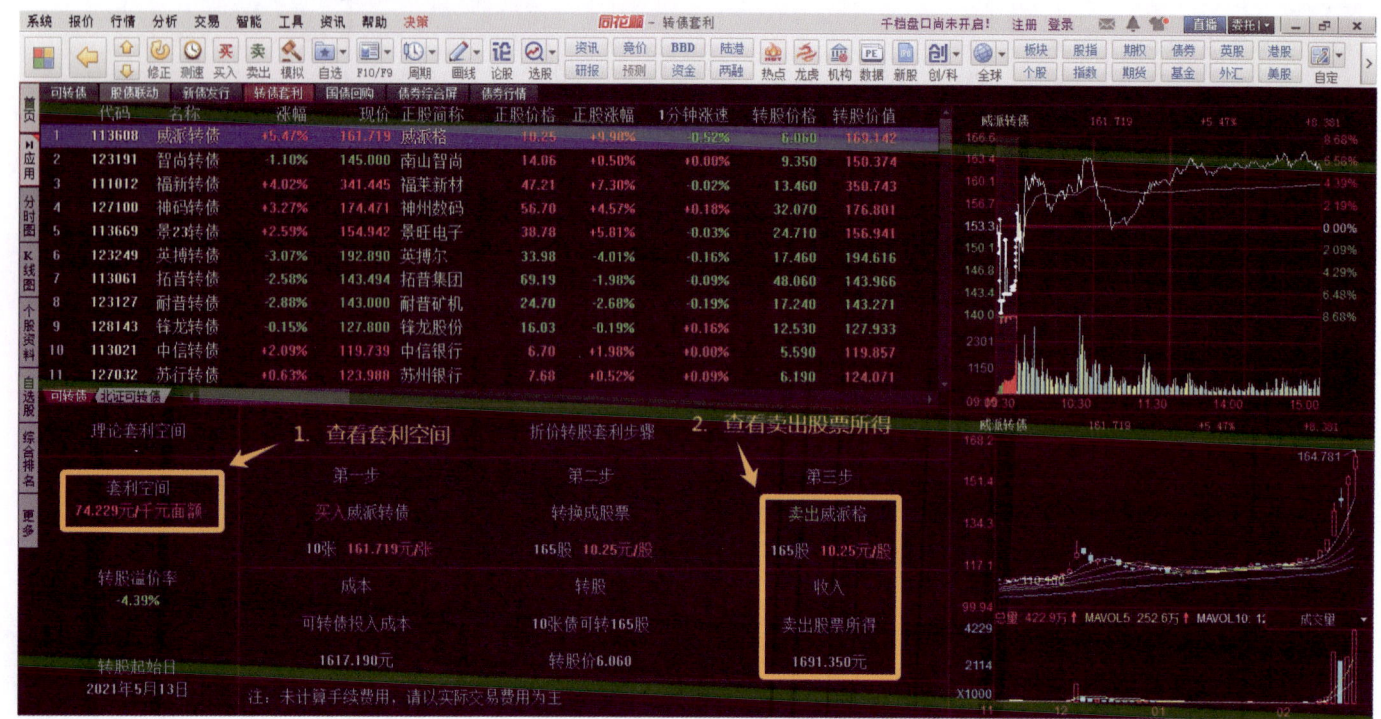

2. 证券账户卖出股票。

工具：证券账户。

T日（当天）转股，T+1日（下一个交易日）股票到账，股票到账后可卖出。

注意：卖出时需处理零股（不足1手的部分需单独挂单）。

五、配售套利模型

（一）套利空间（2%~15%）

可转债配售套利空间本质上是"安全垫与市场溢价博弈"的结果，其大小取决于转债上市溢价率、正股波动率、资金成本等因素。根据历史数据（2019年—2024年），可转债配售平均套利空间在2%~15%之间，极端案例可达30%以上，但需承担正股下跌风险。

（二）套利原理

可转债配售套利是利用上市公司发行可转债时向原股东优先配售的规则，通过买入持有正股获得配售权，并在转债上市后卖出获利的策略。

（三）套利方案

第一步：筛选可转债。

1. 发行规模在5~30亿元。

工具：集思录 https://www.jisilu.cn/。

通过集思录锁定处于【证监会核准/同意注册】阶段的可转债标的，优先选择发行规模适中（5~30亿元）的转债。

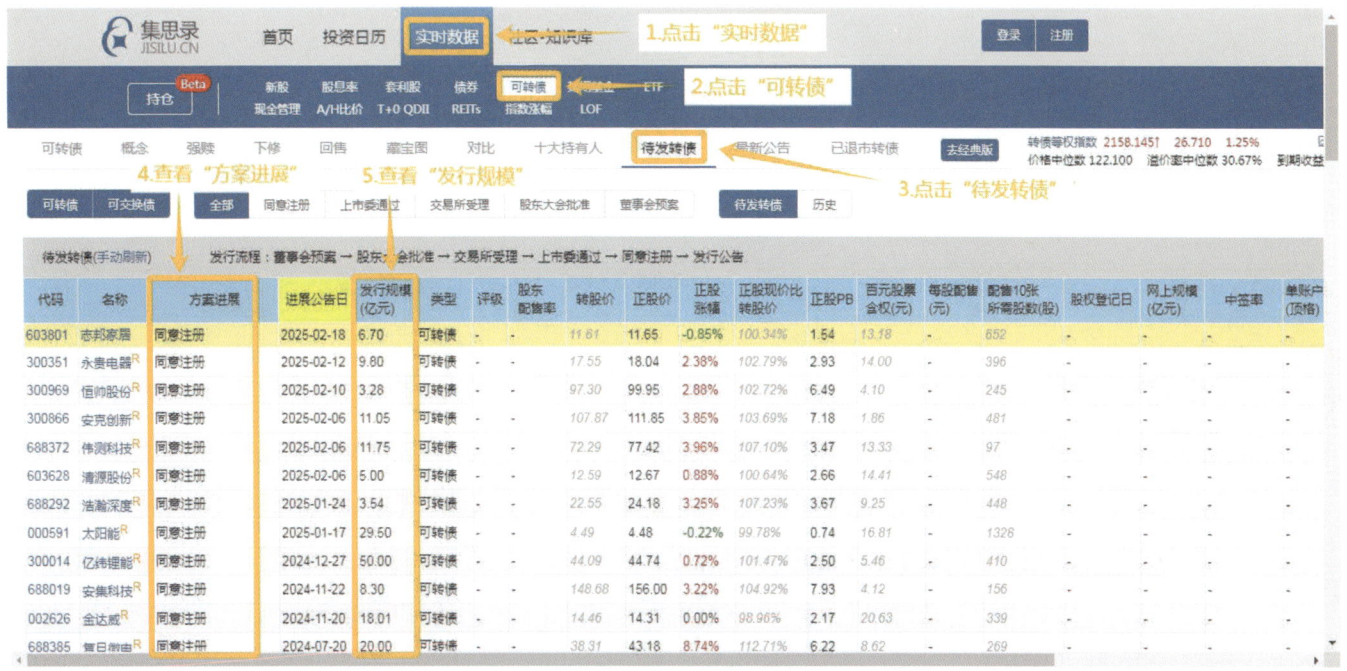

可转债短线套利模型

2. 正股市值小于100亿元。

工具：集思录 https://www.jisilu.cn/。

选择正股市值小于100亿元的上市公司，这类正股弹性大，更容易出现套利空间。

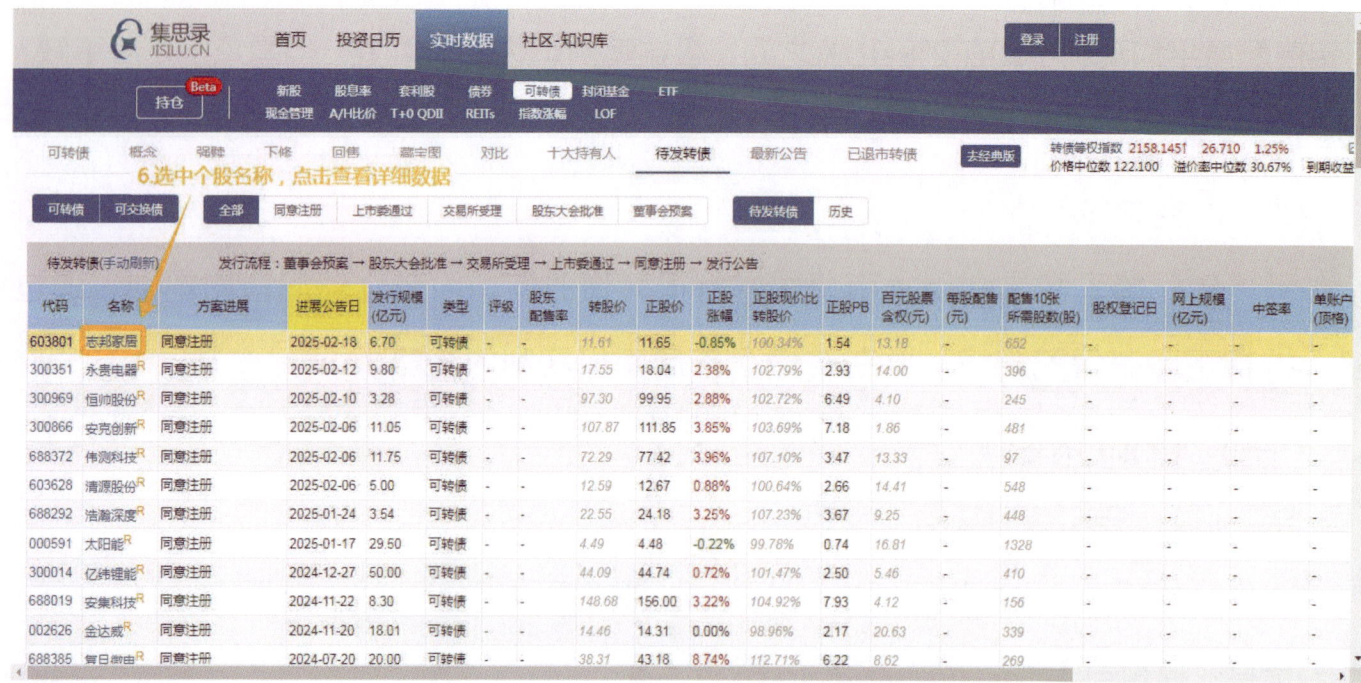

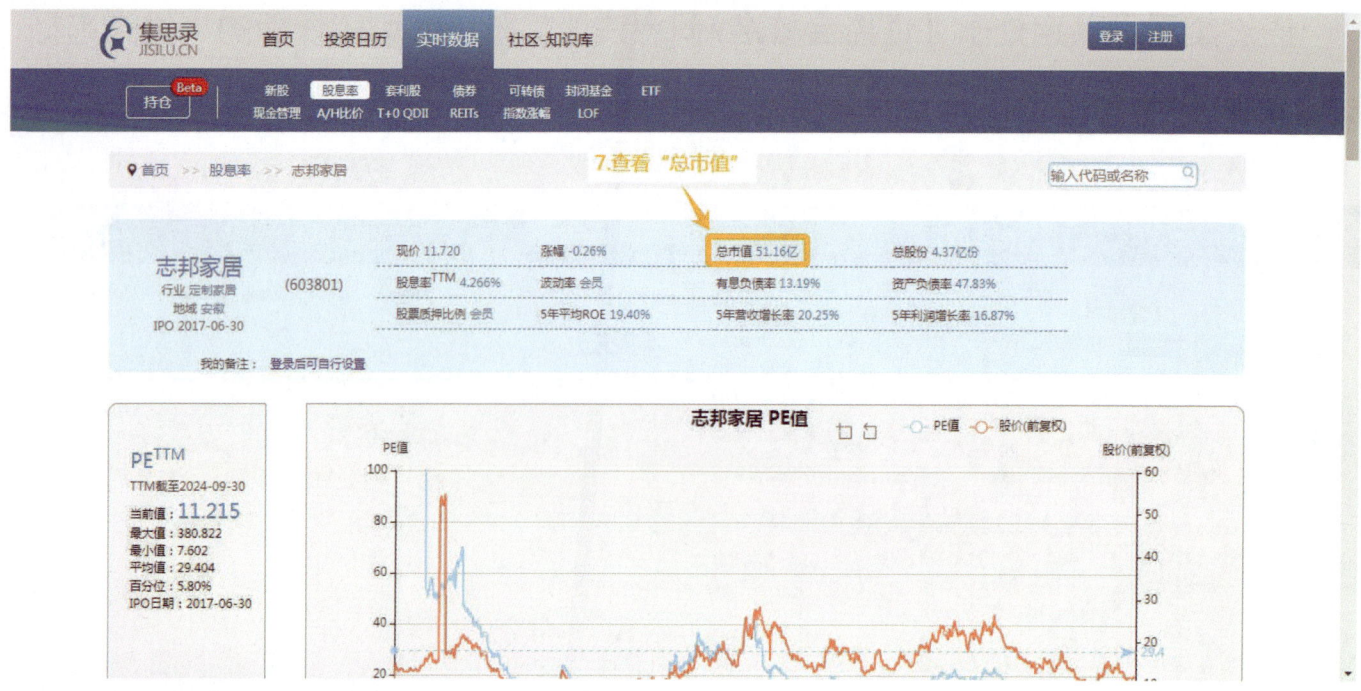

26/ PAGE

3. 所处行业属于当前市场热门板块。

工具：集思录 https://www.jisilu.cn/ 、同花顺电脑版软件。

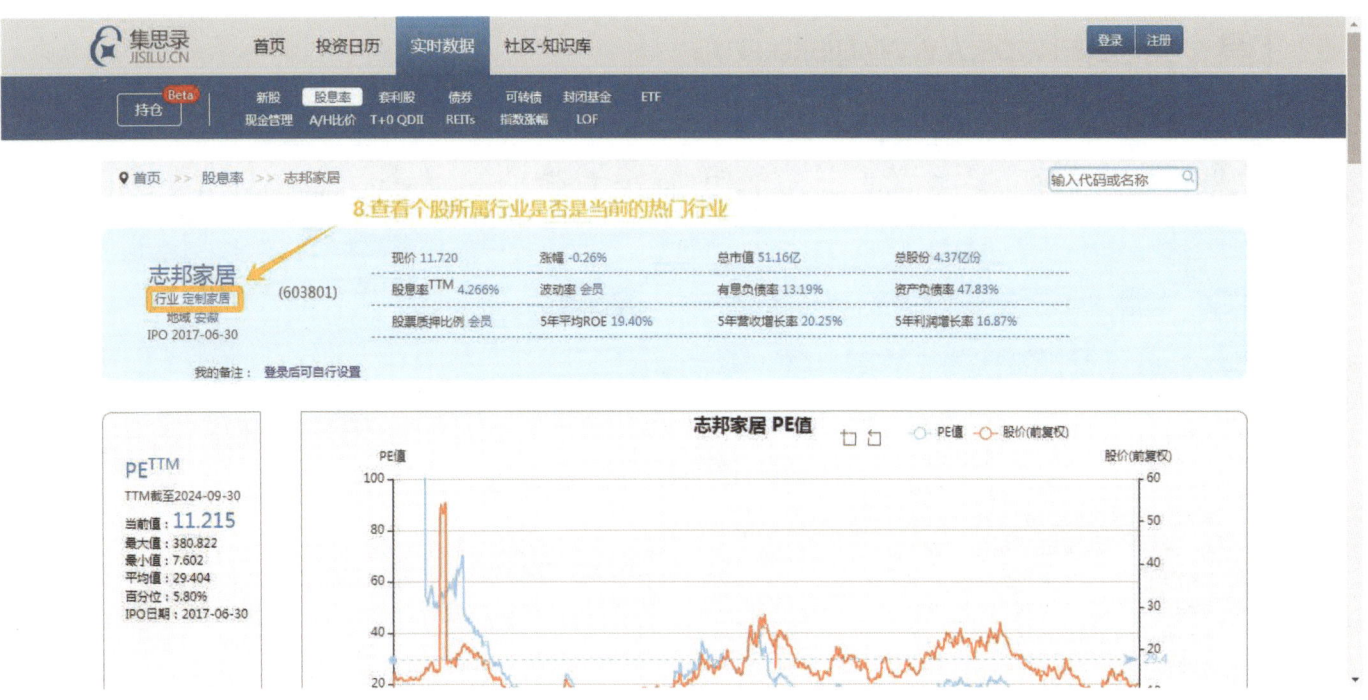

— 可转债短线套利模型 —

第二步：配售正股。

1. 查看配售所需股数。

工具：集思录 https://www.jisilu.cn/ 。

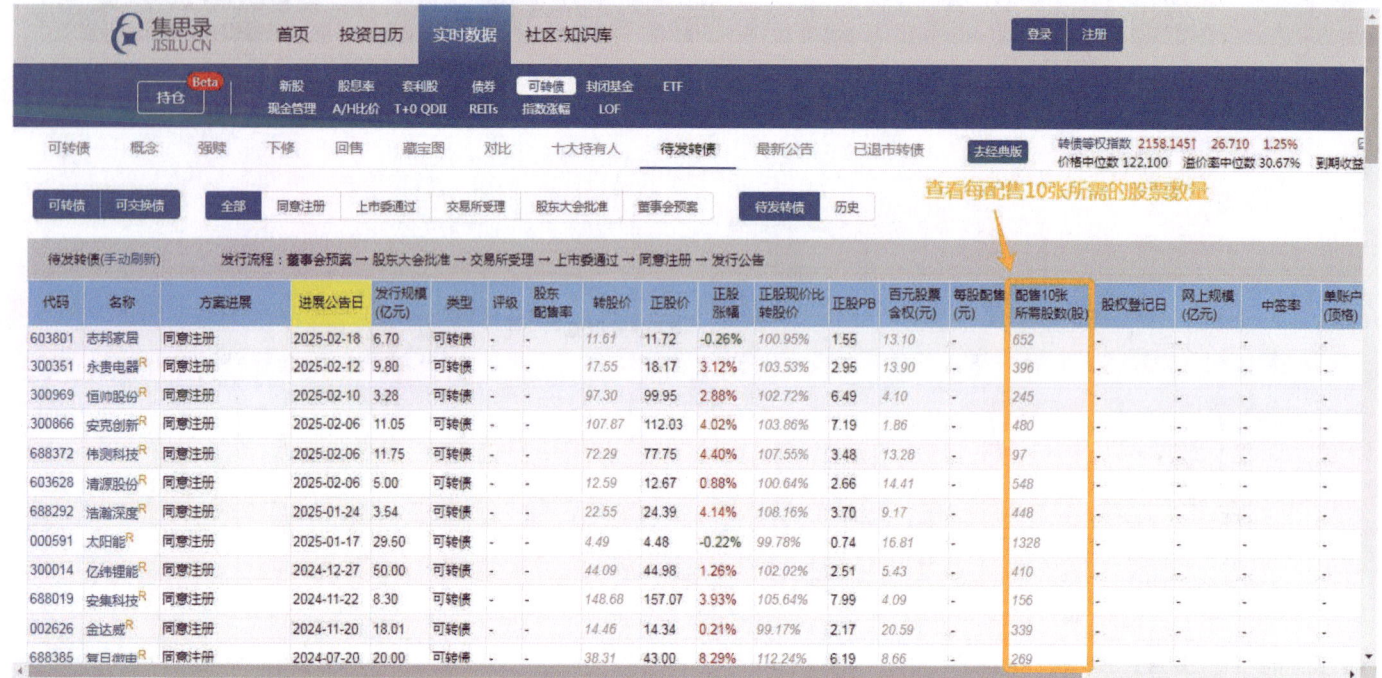

2. 把握正股买入时机。

工具：证券账户。

在股权登记日收盘前买入正股，需预留T+1日（深市）或T+2日（沪市）的交割时间，避免因不了解交易规则错过配售权。

第三步：配售缴款。

工具：证券账户。

在配售缴款日（通常为股权登记日后1~2个交易日），确保账户有足额资金，系统会自动扣款。若未缴款，则视为放弃配售权利。

第四步：转债上市后卖出。

工具：证券账户。

上市首日溢价率通常较高（优质标的可达20%~50%），可结合市场情绪、溢价率及正股走势判断卖出点。

若遇破发（如转债条款差或市场低迷），可持有至回售期或转股博弈。

六、强赎倒计时套利模型

（一）套利空间（10%~30%）

当正股现价接近转股价130%的强赎触发线时，部分标的通过发行人主动拉升股价，可能实现10%~30%的套利收益。例如中信银行股价若触发强赎，预计股价可能被拉升至强赎价附近，存在约10%的上涨空间。

（二）套利原理

上市公司启动强赎需满足连续30个交易日内，至少有15个交易日正股收盘价不低于转股价的130%，剩余强赎达标天数越少，发行人推动股价上涨的意愿越强。投资者可在倒计时末期（如最后5个交易日）介入，博弈发行人集中拉抬股价以促使可转债发生强赎，此时买入可转债，可获取加速上涨段收益。

（三）套利方案

第一步：筛选正股。

1. 正股至少还需10天以上才可触发强赎。

工具：集思录 https://www.jisilu.cn/ 。

转债代码	转债名称	转债现价	正股代码	正股名称	规模(亿元)	剩余规模(亿元)	转股起始日	转股价	强赎触发比	强赎触发价	正股价	强赎价	强赎天计数	强赎条款
113663	新化转债	132.162	603867	新化股份	6.500	5.920	0	20.25	130%	26.33	26.44	-	至少还需10天 5/15｜30	如果公司A股股票连续三十个交易日中至少有十五个交易日的收盘价格的130%（含130%）
123217	富仕转债	128.084	300852	四会富仕	5.700	5.699	0	29.68	130%	38.58	34.25	-	至少还需10天 5/15｜30	如果公司股票在任何连续三十个交易日中至少有十五个交易日的收盘价格的130%（含130%）；
113549	白电转债	135.334	603861	白云电器	8.800	3.671	0	7.73	130%	10.05	10.41	-	至少还需10天 5/15｜30	在本次发行的可转债转股期内，如果公司A股股票连续30个交易日的收盘价格不低于当期转股价格的130%（含130%）
118041	星球转债	128.219	688633	星球石墨	6.200	6.200	0	23.39	130%	30.41	26.90	-	至少还需11天 4/15｜30	如果公司A股股票连续三十个交易日中至少有十五个交易日的收盘价格的130%（含130%）；
118050	航宇转债	151.500	688239	航宇科技	6.670	6.670	0	32.64	130%	42.43	43.31	-	至少还需11天 4/15｜30	如果公司A股股票连续三十个交易日中至少有十五个交易日的收盘价格的130%（含130%）
118016	京源转债	141.317	688096	京源环保	3.325	3.088	0	9.79	130%	12.73	13.90	-	至少还需11天 4/15｜30	如果公司A股股票连续三十个交易日中至少有十五个交易日的收盘价格的130%（含130%）
123231	信测转债	168.704	300938	信测标准	5.450	3.248	0	25.76	130%	33.49	43.50	-	至少还需11天 4/15｜30	如果公司股票在任意连续三十个交易日中至少有十五个交易日的股价格的130%（含130%）；
113569	科达转债	131.962	603660	苏州科达	5.160	2.713	0	6.38	130%	8.29	7.77	-	至少还需12天 3/15｜30	如果公司A股股票连续三十个交易日中至少有十五个交易日的收盘价格的130%（含130%）
123173	信锋转债	136.745	300605	信锋信息	2.424	2.409	0	13.77	130%	17.90	18.43	-	至少还需12天 3/15｜30	如果公司股票连续三十个交易日中至少有十五个交易日的收盘价130%（含130%）
118037	上声转债	129.552	688533	上声电子	5.200	4.680	0	29.56	130%	38.43	33.84	-	至少还需12天 3/15｜30	如果公司股票在任何连续三十个交易日中至少有十五个交易日的股价格的130%；
128120	联诚转债	146.949	002921	联诚精密	2.600	1.760	0	11.59	130%	15.07	17.27	-	至少还需12天 3/15｜30	如果公司股票在任何连续三十个交易日中至少有十五个交易日的转股价格的130%（含130%）

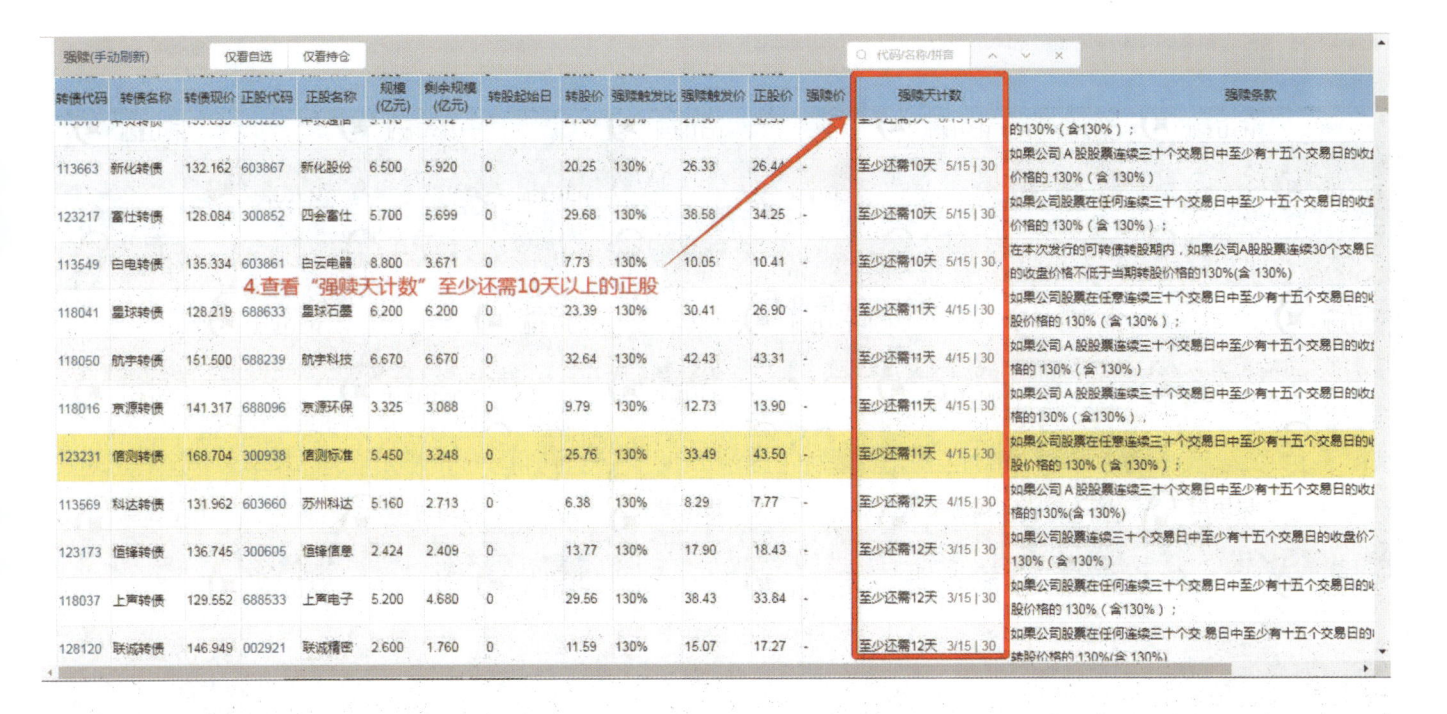

4.查看"强赎天计数"至少还需10天以上的正股

2. 近期有过涨停。

工具：集思录 https://www.jisilu.cn/ 、同花顺电脑版软件。

转债代码	转债名称	转债现价	正股代码	正股名称	规模(亿元)	剩余规模(亿元)	转股起始日	转股价	强赎触发比	强赎触发价	正股价	强赎价	强赎天计数	强赎条款
113663	新化转债	132.162	603867	新化股份	6.500	5.920	0	20.25	130%	26.33	26.44	-	至少还需10天 5/15｜30	如果公司A股股票连续三十个交易日中至少有十五个交易日的收盘价格的130%（含130%）
123217	富仕转债	128.084	300852	四会富仕	5.700	5.699	0	29.68	130%	38.58	34.25	-	至少还需10天 5/15｜30	如果公司股票在任何连续三十个交易日中至少有十五个交易日的收盘价格的130%（含130%）；
113549	白电转债	135.334	603861	白云电器	8.800	3.671	0	7.73	130%	10.05	10.41	-	至少还需10天 5/15｜30	在本次发行的可转债转股期内，如果公司A股股票连续30个交易日的收盘价格不低于当期转股价格的130%（含130%）
118041	星球转债	128.219	688633	星球石墨	6.200	6.200	0	23.39	130%	30.41	26.90	-	至少还需11天 4/15｜30	如果公司A股股票连续三十个交易日中至少有十五个交易日的收盘价格的130%（含130%）；
118050	航宇转债	151.500	688239	航宇科技	6.670	6.670	0	32.64	130%	42.43	43.31	-	至少还需11天 4/15｜30	如果公司A股股票连续三十个交易日中至少有十五个交易日的收盘价格的130%（含130%）
118016	京源转债	141.317	688096	京源环保	3.325	3.088	0	9.79	130%	12.73	13.90	-	至少还需11天 4/15｜30	如果公司A股股票连续三十个交易日中至少有十五个交易日的收盘价格的130%（含130%）
123231	信测转债	168.704	300938	信测标准	5.450	3.248	0	25.76	130%	33.49	43.50	-	至少还需11天 4/15｜30	如果公司股票在任意连续三十个交易日中至少有十五个交易日的股价格的130%（含130%）；
113569	科达转债	131.962	603660	苏州科达	5.160	2.713	0	6.38	130%	8.29	7.77	-	至少还需12天 3/15｜30	如果公司A股股票连续三十个交易日中至少有十五个交易日的收盘价格的130%（含130%）
123173	信锋转债	136.745	300605	信锋信息	2.424	2.409	0	13.77	130%	17.90	18.43	-	至少还需12天 3/15｜30	如果公司股票连续三十个交易日中至少有十五个交易日的收盘价130%（含130%）
118037	上声转债	129.552	688533	上声电子	5.200	4.680	0	29.56	130%	38.43	33.84	-	至少还需12天 3/15｜30	如果公司股票在任何连续三十个交易日中至少有十五个交易日的股价格的130%；
128120	联诚转债	146.949	002921	联诚精密	2.600	1.760	0	11.59	130%	15.07	17.27	-	至少还需12天 3/15｜30	如果公司股票在任何连续三十个交易日中至少有十五个交易日的转股价格的130%（含130%）

5.找到仍需10天以上才可以强赎的正股

可转债短线套利模型

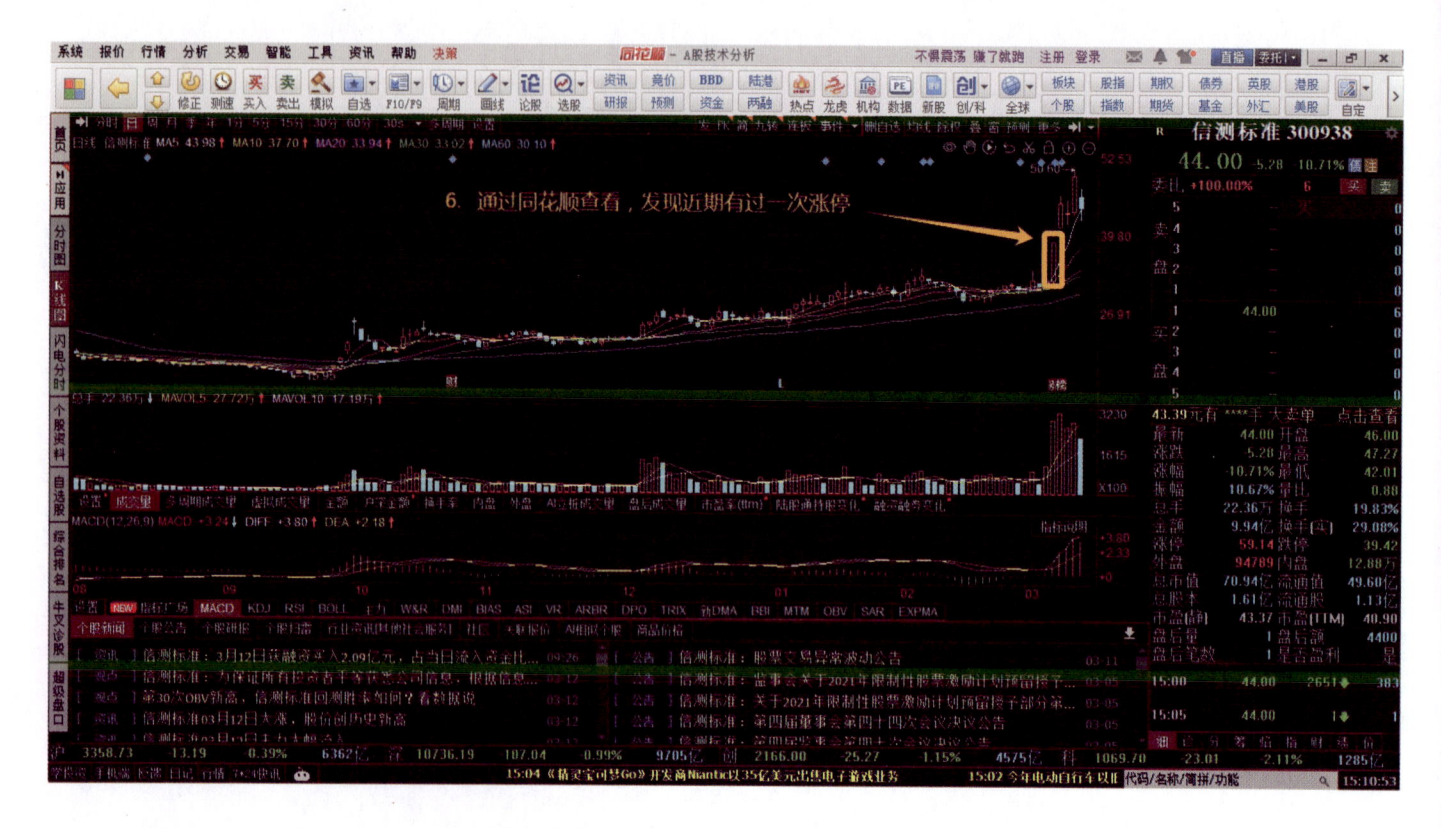

第二步：选安全转债。

1. 溢价率小于10%。

工具：集思录 https://www.jisilu.cn/。

2. 可转债剩余规模小于5亿元。

工具：集思录 https://www.jisilu.cn/ 。

通过查看集思录，选择剩余规模小于5亿元的可转债，以规避强赎公告后的可转债暴跌风险。

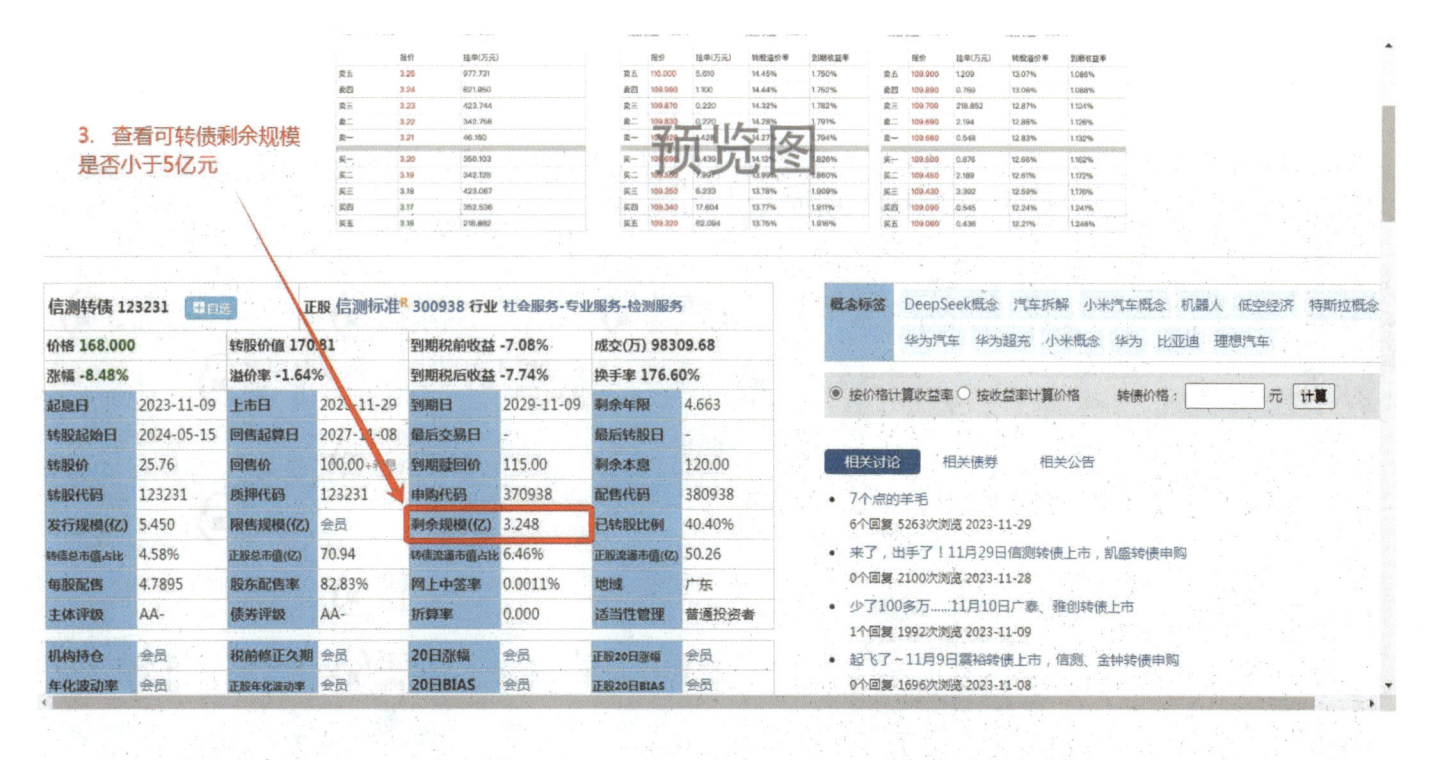

可转债短线套利模型

第三步：买入可转债。

1. 正股股价回落至强赎触发价附近时。

工具：集思录 https://www.jisilu.cn/ 、同花顺电脑版软件、证券账户。

下方案例中的可转债往前追溯10个交易日，是符合筛选正股的条件的。

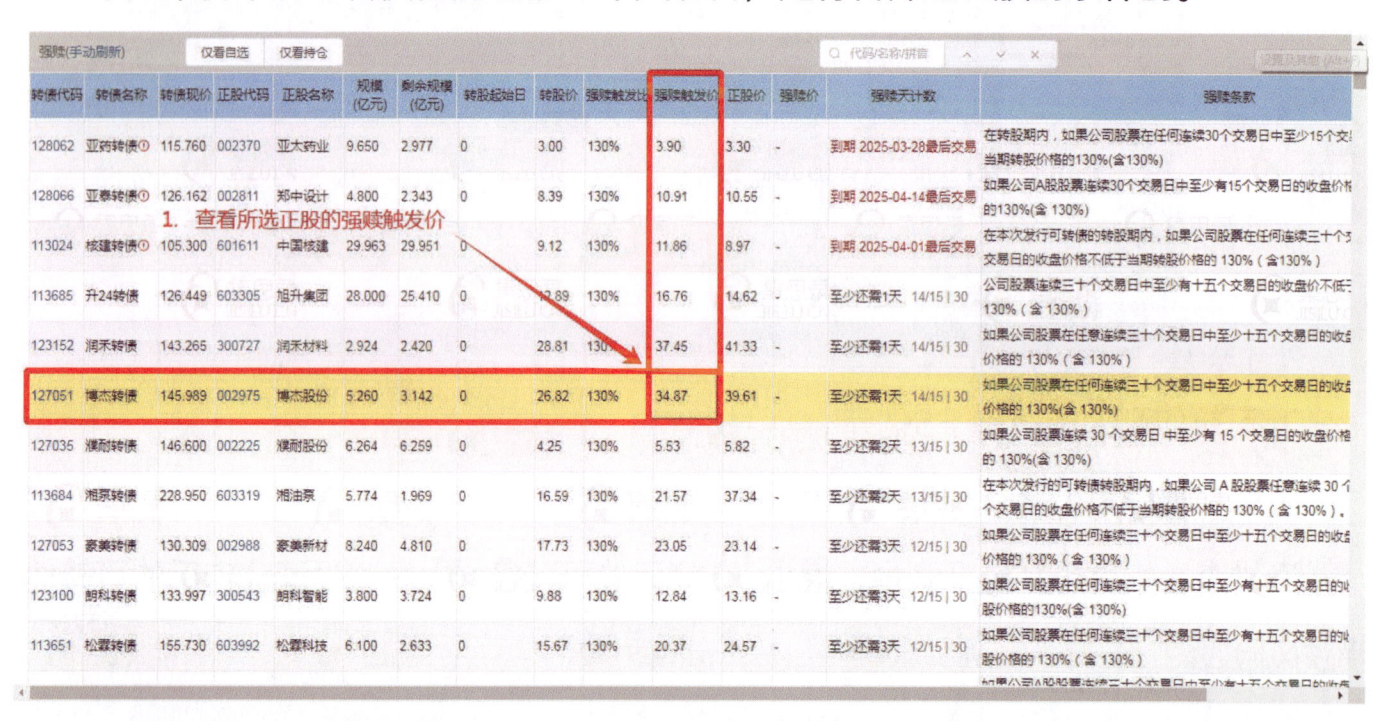

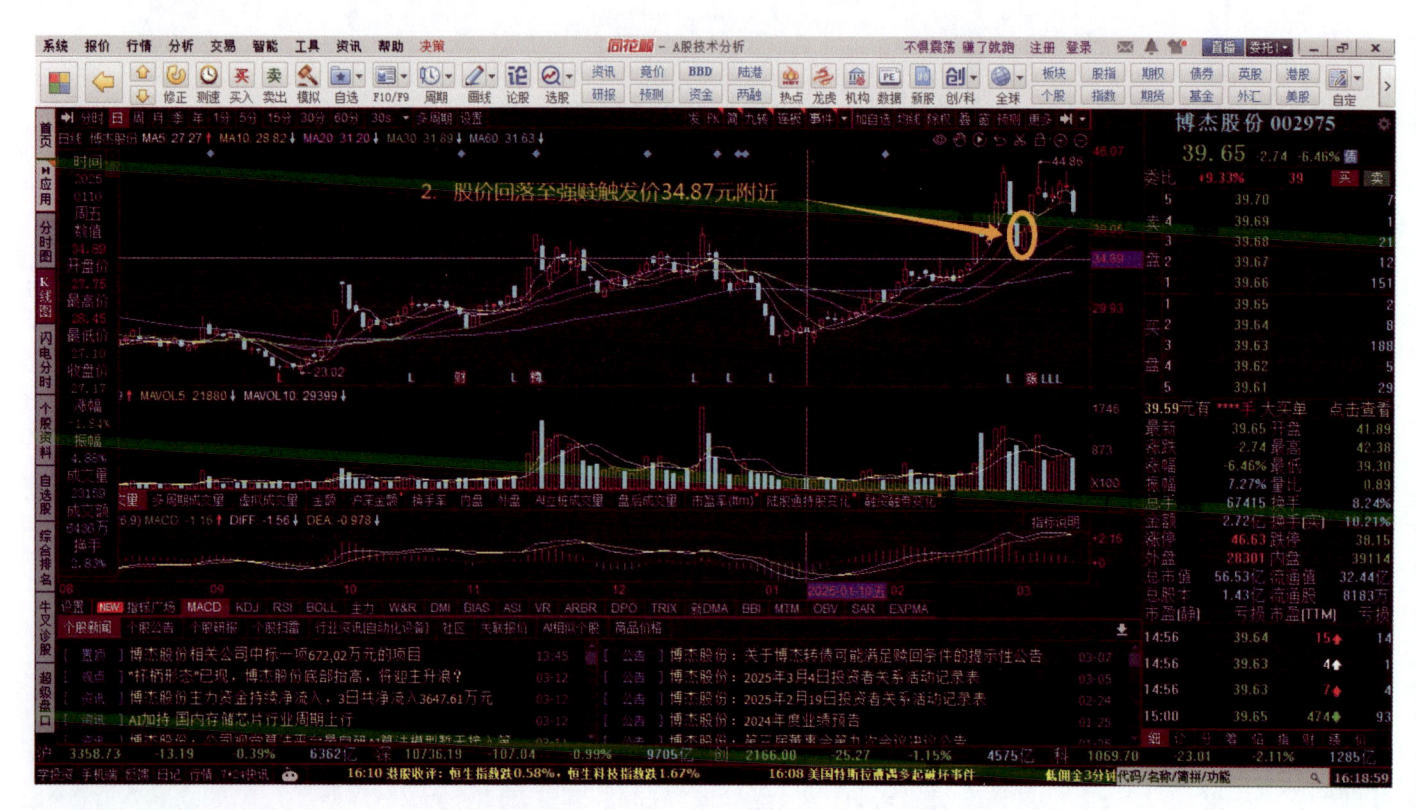

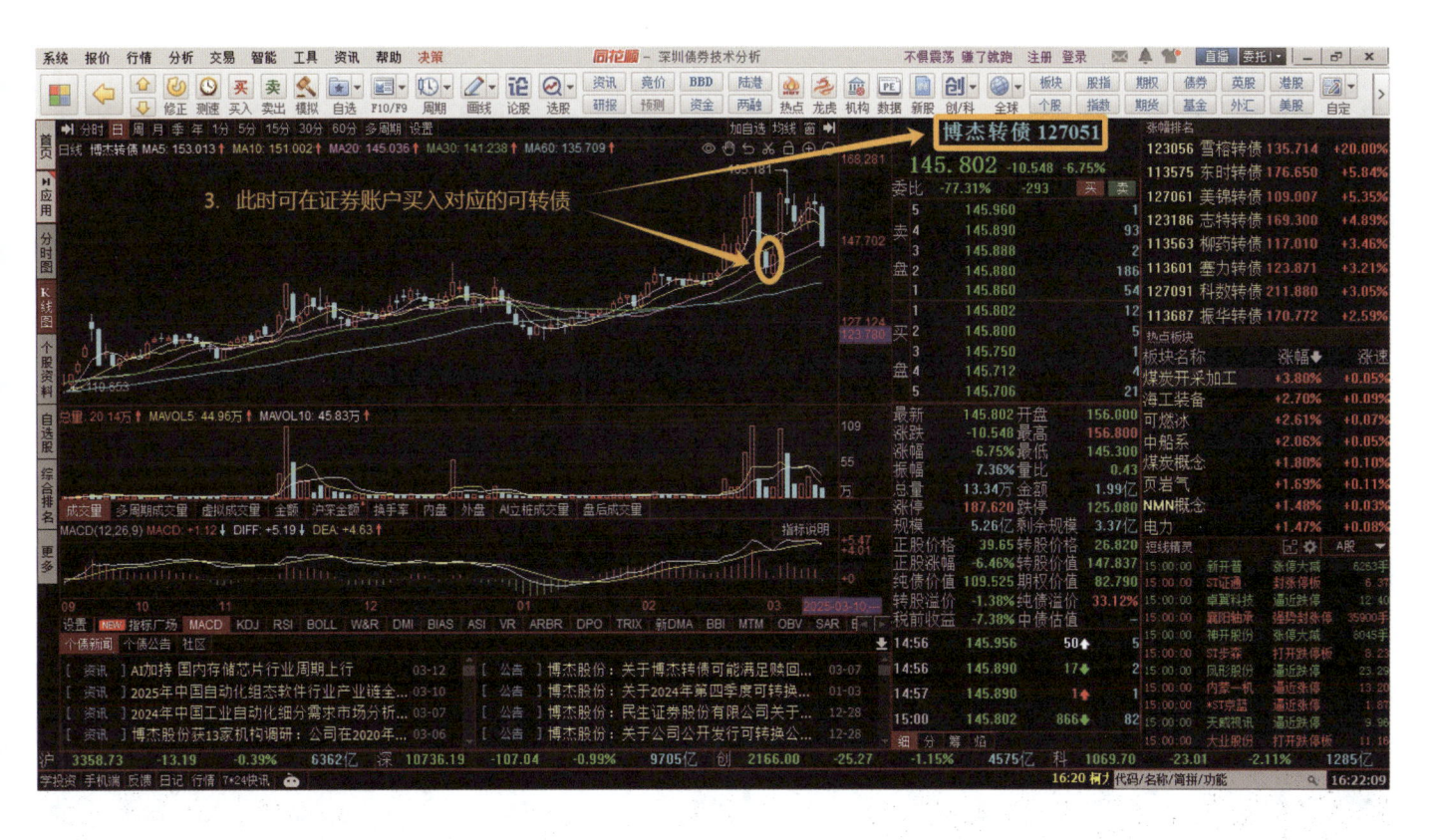

第四步：卖出可转债。

1. 强赎触发前5日逢高卖出。

工具：集思录 https://www.jisilu.cn/ 、同花顺电脑版软件、证券账户。

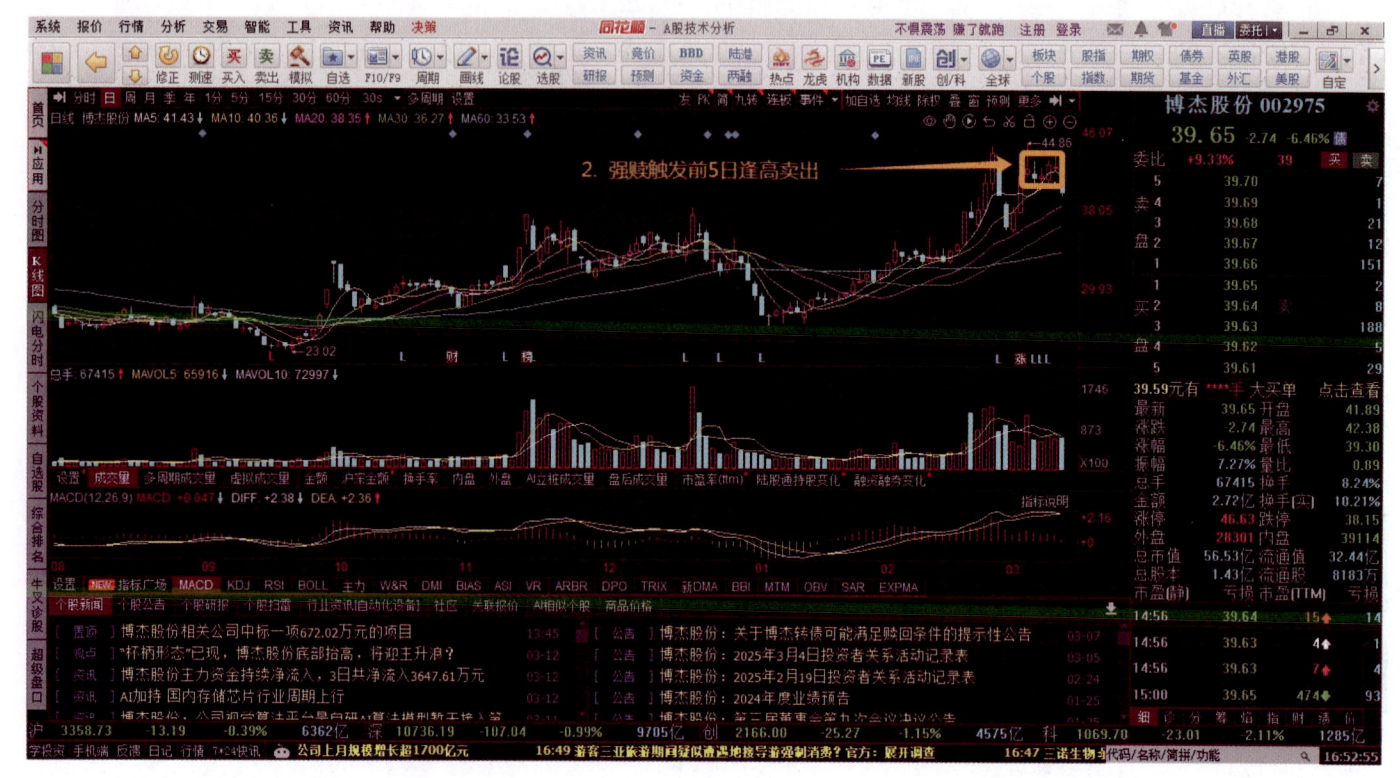

可转债短线套利模型

2. 跌破强赎触发价卖出。

工具：集思录 https://www.jisilu.cn/ 、同花顺电脑版软件、证券账户。

转债代码	转债名称	转债现价	正股代码	正股名称	规模(亿元)	剩余规模(亿元)	转股起始日	转股价	强赎触发比	强赎触发价	正股价	强赎价	强赎天计数	强赎条款
123190	道氏转02	131.398	300409	道氏技术	26.000	10.777	0	12.93	130%	16.81	16.96	-	至少还需4天 11/15｜30	如果公司股票在任何连续三十个交易日中至少有十五个交易日的收盘价格的130%（含130%）;
127072	博实转债	139.002	002698	博实股份	4.500	4.498	0	15.31	130%	19.90	19.12	-	至少还需4天 11/15｜30	如果公司股票连续三十个交易日中至少有十五个交易日的收盘价的130%（含130%）
123248	恒辉转债	153.107	300952	恒辉安防	5.000	3.698	0	18.26	130%	23.74	27.90	-	至少还需5天 10/15｜30	如果公司A股股票在任意连续三十个交易日中至少有十五个交易日的收盘价格的130%（含130%）;
128072	翔鹭转债	133.010	002842	翔鹭钨业	3.019	2.271	0	5.73	130%	7.45	7.65	-	至少还需5天 10/15｜30	如果公司A股股票三十个交易日中至少有十五个交易日的收盘格的130%（含130%）
118049	汇成转债	135.746	688403	汇成股份	11.487	11.487	0	7.70	130%	10.01	9.54	-	至少还需6天 9/15｜30	在转股期内，如果公司股票在连续三十个交易日中至少有十五个交当期转股价格的130%（含130%）
128130	景兴转债	127.551	002067	景兴纸业	12.800	7.438	0	3.39	130%	4.41	4.07	-	至少还需7天 8/15｜30	如果公司股票连续30个交易日中至少有15个交易日的收盘价格不130%（含130%）
113582	火炬转债	170.947	603678	火炬电子	6.000	4.168	0	23.89	130%	31.06	39.80	-	至少还需8天 7/15｜30	公司A股股票连续三十个交易日中至少有十五个交易日的收盘价的130%（含130%）
113678	中贝转债	155.635	603220	中贝通信	5.170	5.112	0	21.06	130%	27.38	30.39	-	至少还需9天 6/15｜30	如果公司股票连续30个交易日内至少有十五个交易日的收盘价的130%（含130%）;
113663	新化转债	132.162	603867	新化股份	6.500	5.920	0	20.25	130%	26.33	26.44	-	至少还需10天 5/15｜30	如果公司A股股票连续三十个交易日中至少有十五个交易日的收盘价格的130%（含130%）;
123217	富仕转债	128.084	300852	四会富仕	5.700	5.699	0	29.68	130%	38.58	34.25	-	至少还需10天 5/15｜30	如果公司股票在任何连续三十个交易日中至少有十五个交易日的收盘价格的130%（含130%）;
113549	白电转债	135.334	603861	白云电器	8.800	3.671	0	7.73	130%	10.05	10.41	-	至少还需10天 5/15｜30	在本次发行的可转债转股期内，如果公司A股股票连续30个交易E的收盘价格不低于当期转股价格的130%（含130%）

36 / PAGE

常盈九招：可转债短线狙击术

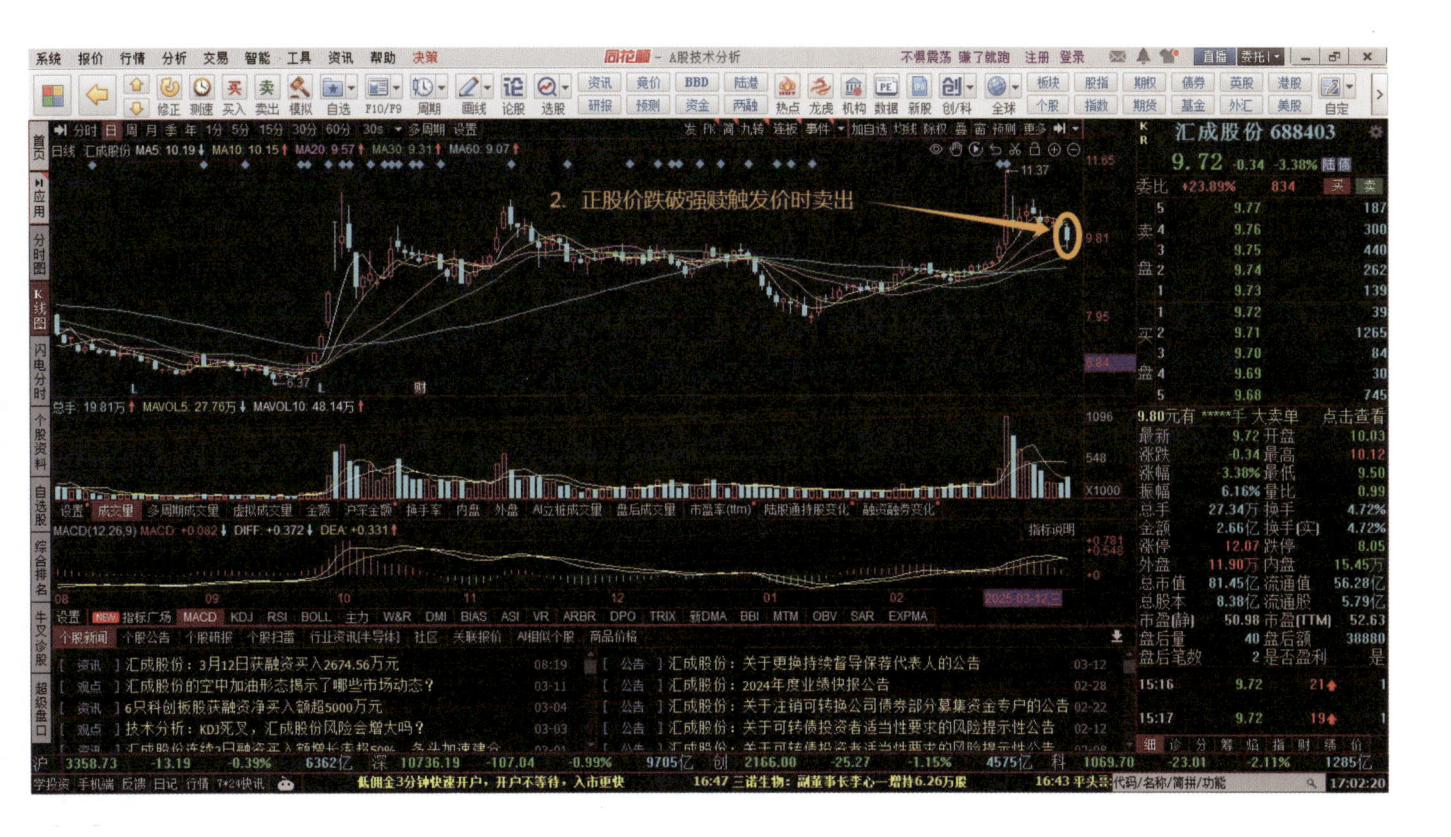

37 / PAGE

七、均线金叉套利模型

（一）套利空间（5%~15%）

可转债5日均线上穿10日均线，形成金叉后买入，5日均线下穿10日均线，形成死叉后卖出，单次波段套利收益通常在5%~15%。配合高频交易可以进一步放大收益，年化收益率可达50%~100%（需结合市场环境及执行力）。

（二）套利原理

5日均线反映近期价格趋势，10日均线反映中长期价格趋势。短期均线上穿长期均线形成金叉时，反映短期趋势由弱转强，资金进场推动价格拉升；反之，死叉信号则预示趋势反转。短线交易中均线交叉信号，可作为捕捉日内或短期波段收益的依据。

（三）套利方案

第一步：筛选可转债。

1. 转股溢价率小于30%。

工具：同花顺电脑版软件。

转股溢价率小于30%，规避高溢价转债跟涨动力不足的风险。

常盈九招：可转债短线狙击术

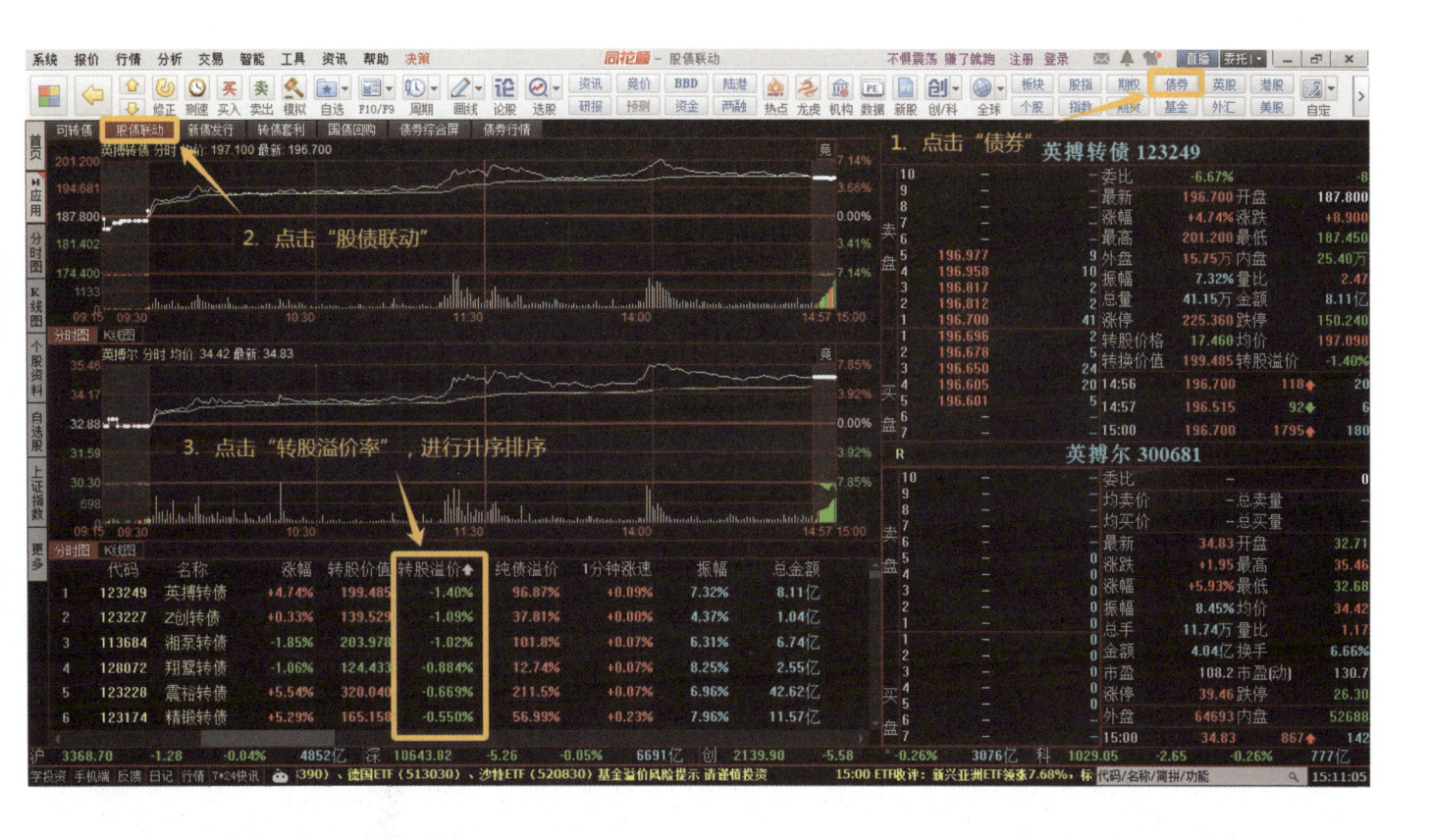

2. 日成交额大于5000万元。

工具：同花顺电脑版软件。

选择日成交额大于5000万元的可转债，确保交易顺畅。

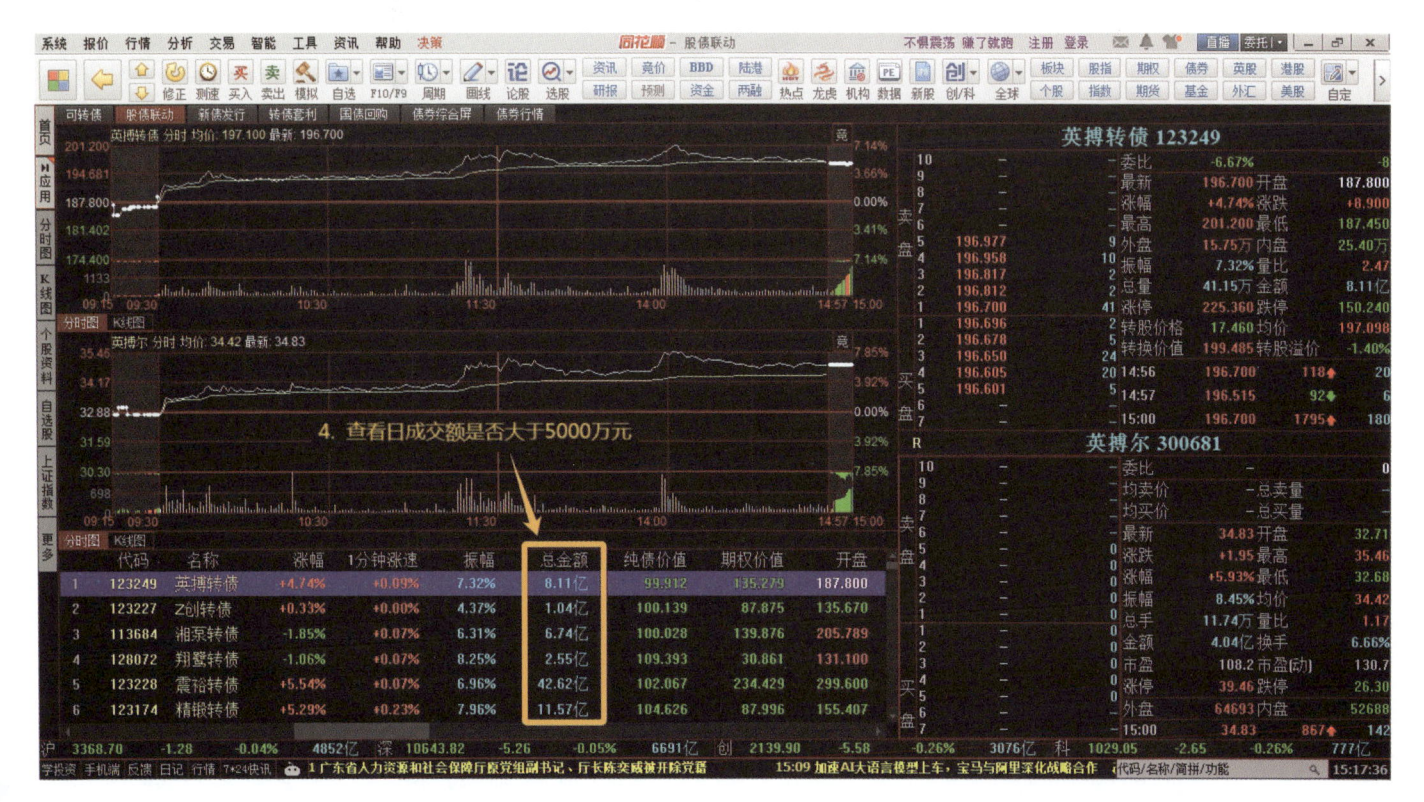

可转债短线套利模型

3. 正股处于上升趋势。

工具：同花顺电脑版软件。

优选正股处于上升趋势，这样可转债上涨将更为稳健。

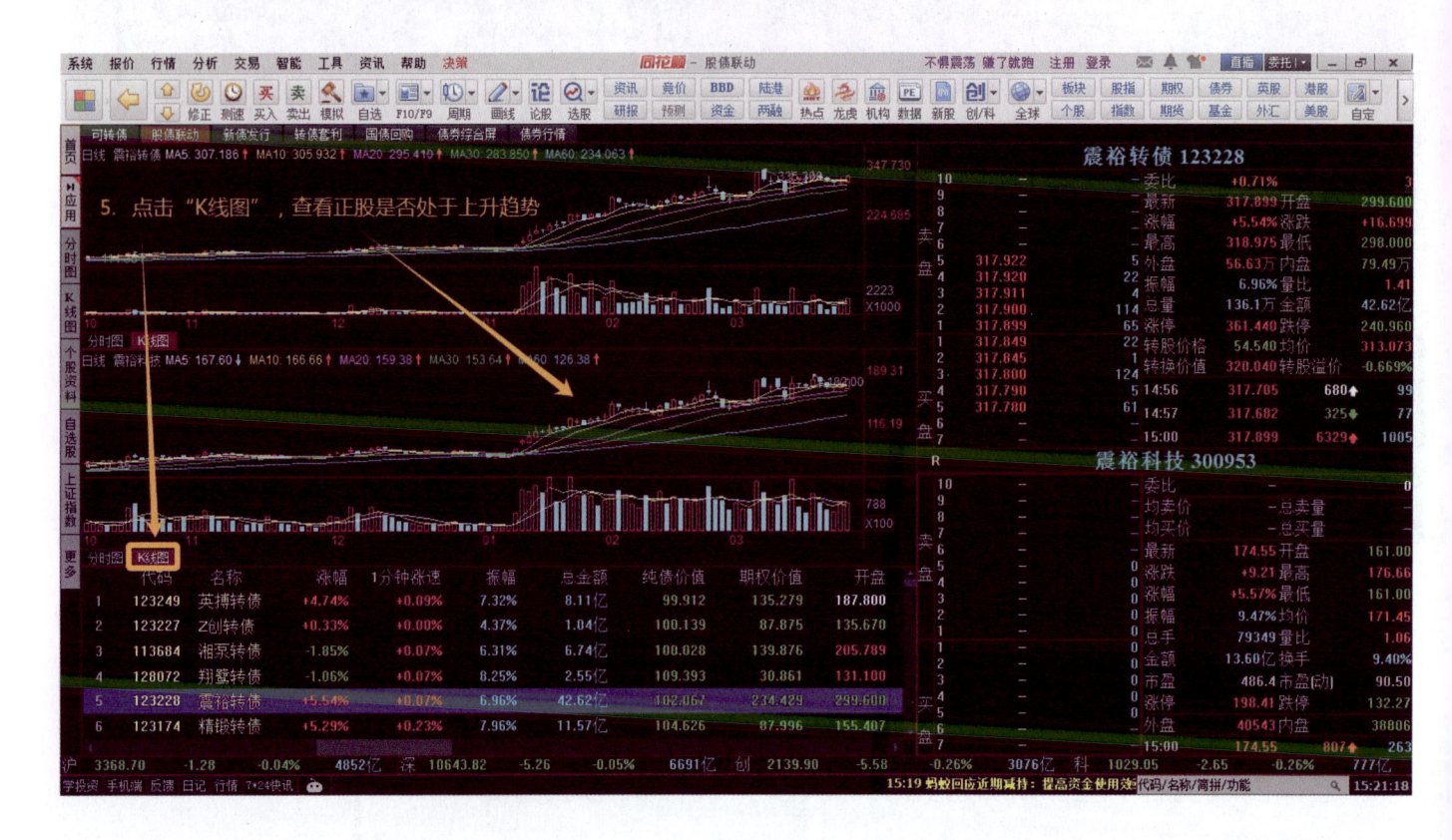

第二步：买入可转债。

1. 5日均线与10日均线金叉时。

工具：同花顺电脑版软件、证券账户。

5日均线上穿10日均线，形成金叉形态，此时可买入可转债。

常盈九招：可转债短线狙击术

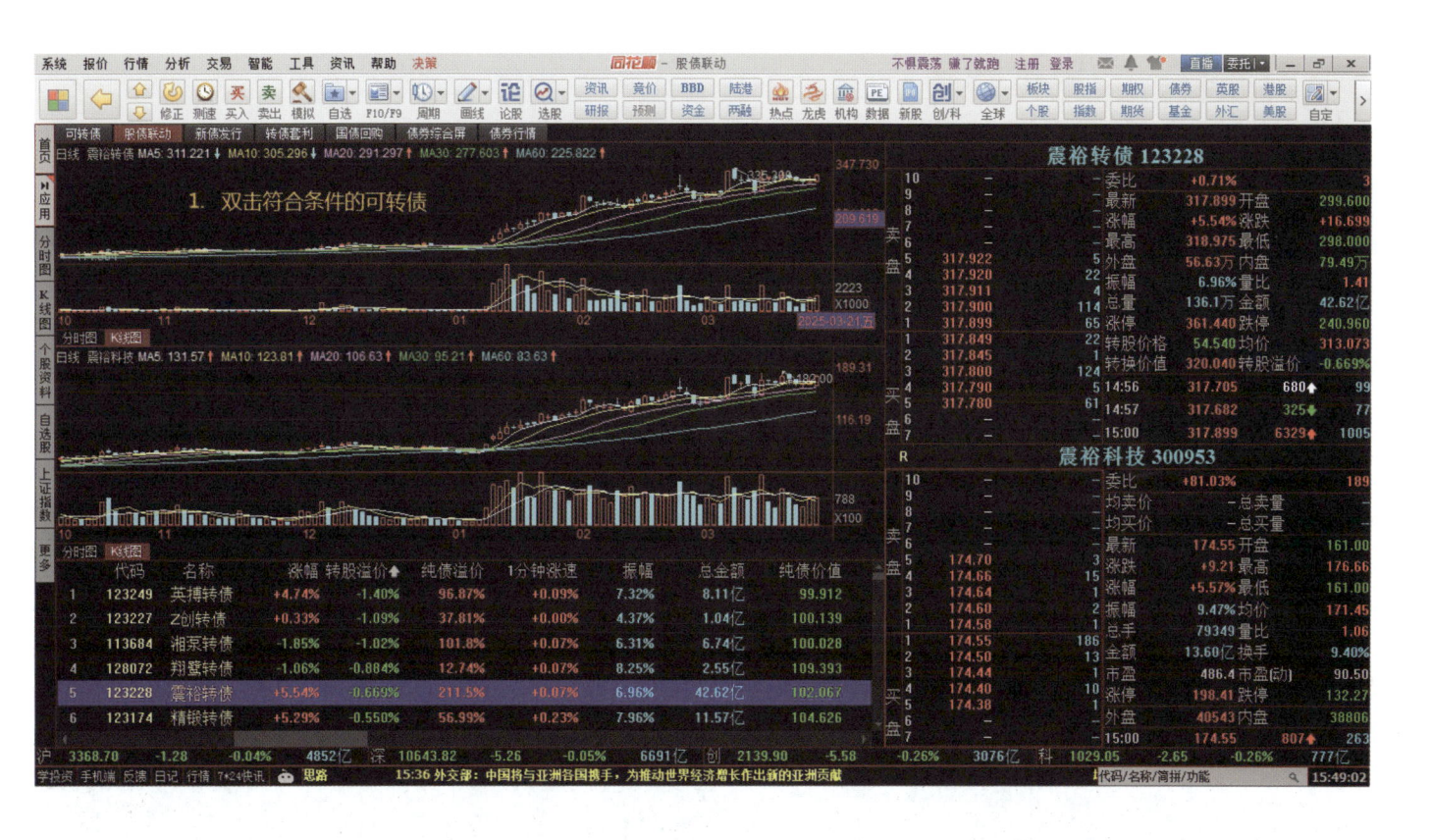

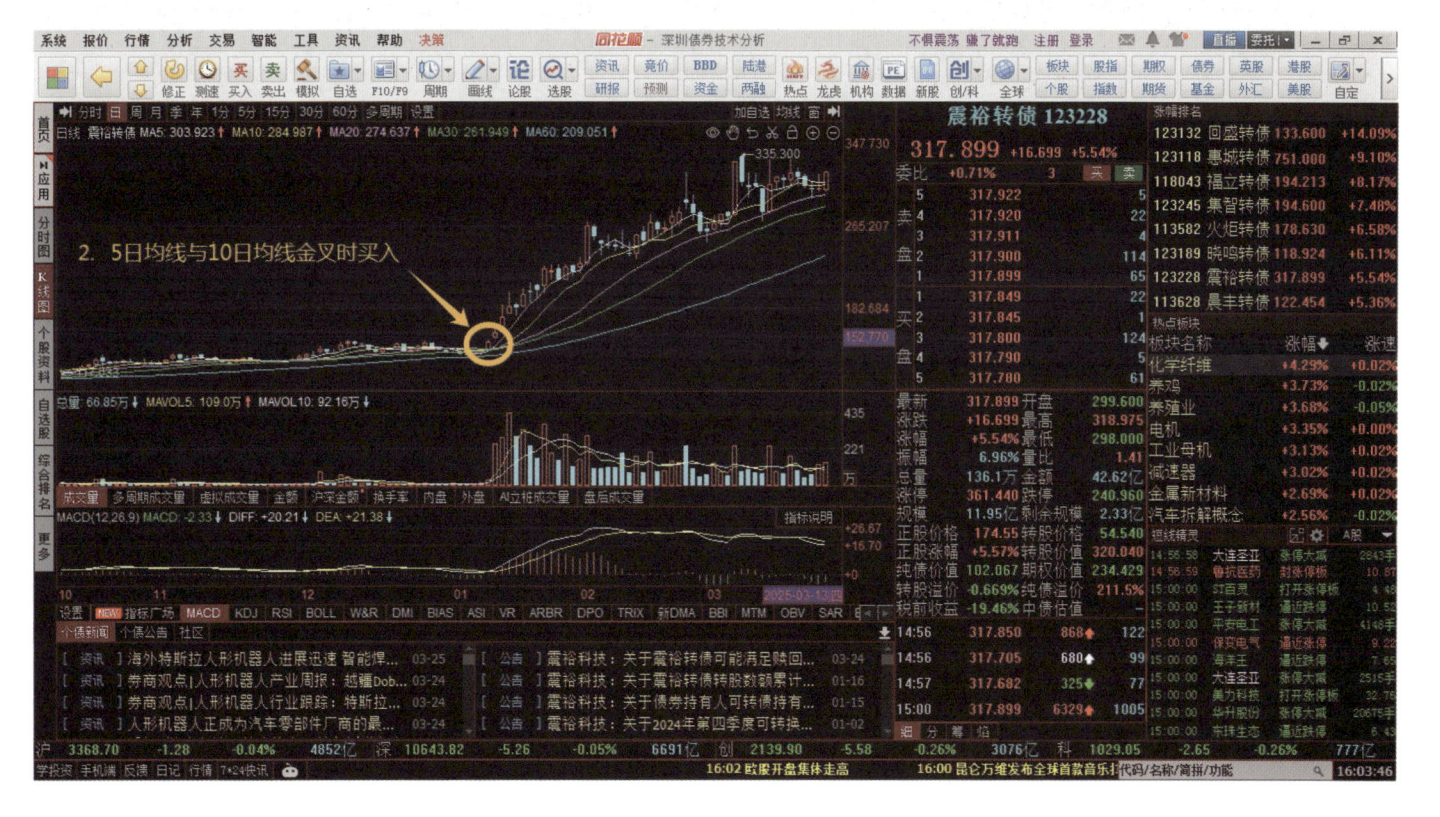

1. 双击符合条件的可转债

2. 5日均线与10日均线金叉时买入

第三步：卖出可转债。

1. 5日均线与10日均线死叉时。

工具：同花顺电脑版软件、证券账户。

5日均线下穿10日均线，形成死叉形态，此时可卖出可转债。

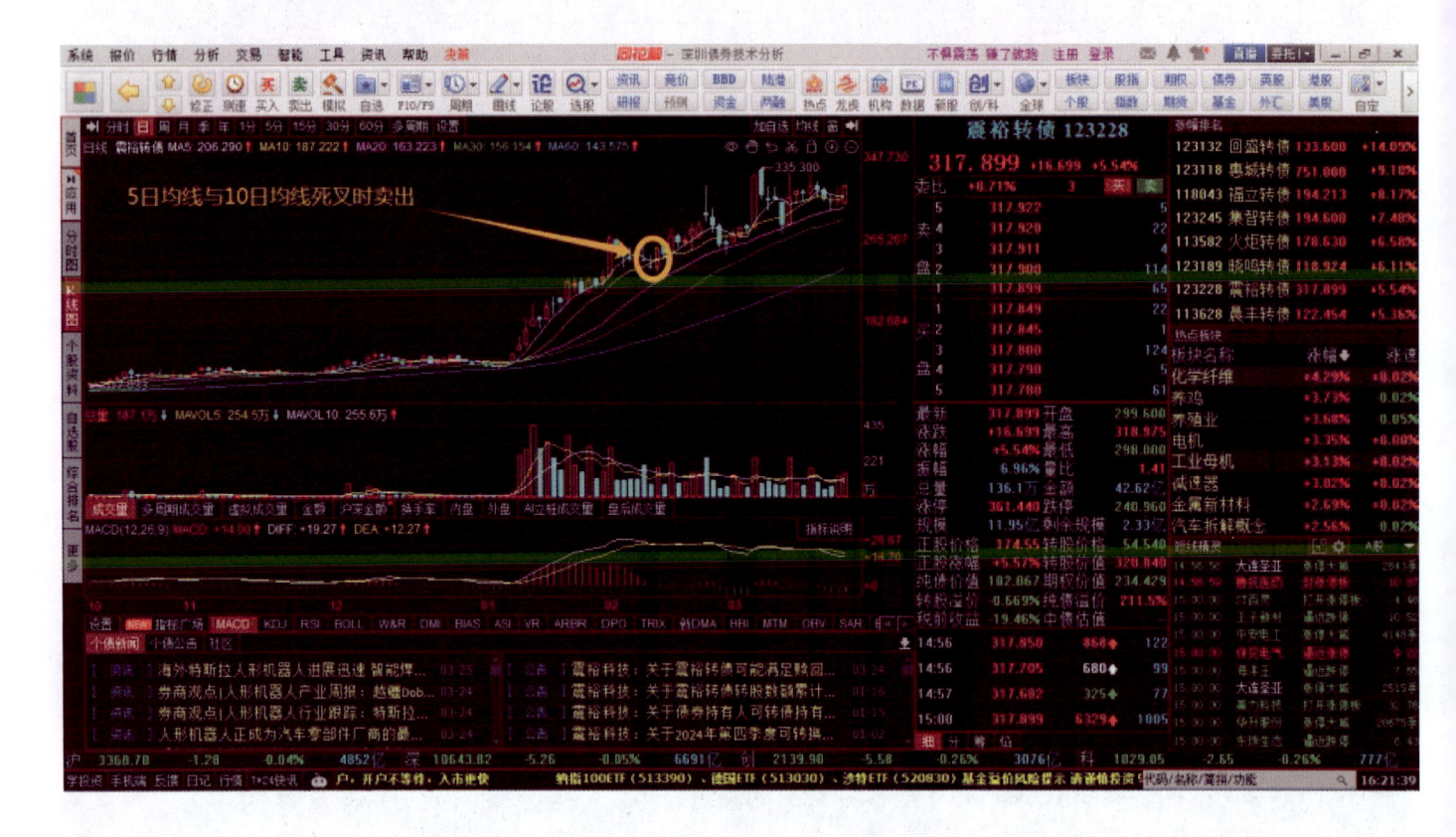

八、"妖债"暴力波动套利模型

（一）套利空间（10%~30%）

"妖债"因流通盘小、筹码集中，易被资金控盘，制造"急涨急跌"行情。短线交易者可跟随资金节奏低吸高抛，单次交易收益可达10%~30%，极端行情下可日内翻倍（如永吉转债、横河转债历史案例）。

（二）套利原理

"妖债"缺乏价值锚定，价格主要由短线资金博弈决定，游资会通过拉升吸引跟风盘，之后快速出货。当市场热点匮乏时，资金倾向于抱团炒作小盘"妖债"，形成"击鼓传花"效应。

利用可转债T+0交易的规则优势，可对"妖债"进行急跌抄底和突破追涨的方式来套利。如"妖债"因恐慌情绪或主力洗盘导致瞬间暴跌（如-10%至-20%），利用超跌反弹博取反转收益，或者"妖债"放量突破分时均线或前高时，跟随资金入场抢筹，随后快速止盈。

（三）套利方案

第一步：筛选可转债。

1. 转股溢价率大于100%。

工具：集思录 https://www.jisilu.cn/ 。

高溢价代表脱离正股走势，显示出纯炒作属性。

可转债短线套利模型

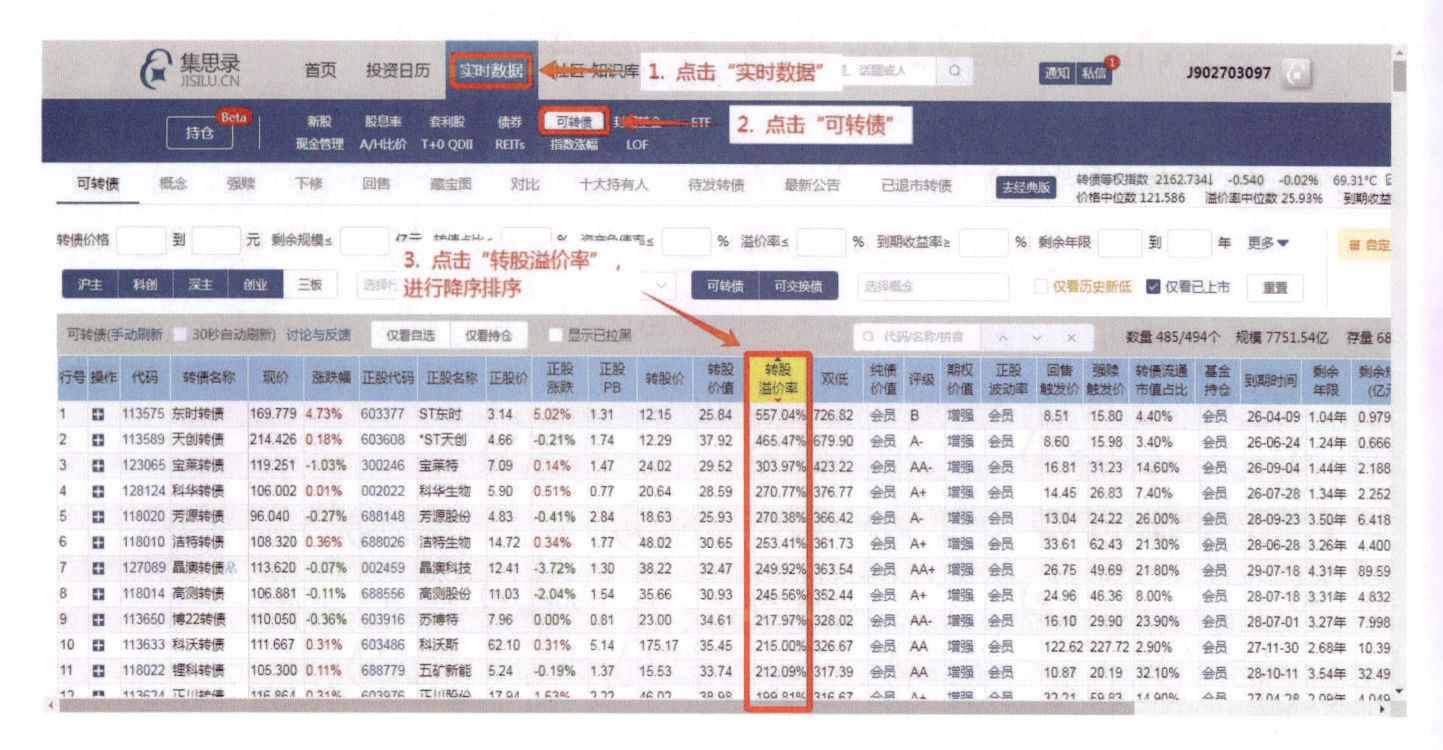

2. 日换手率大于300%。

工具：集思录 https://www.jisilu.cn/。

换手率越高，表明资金越活跃。

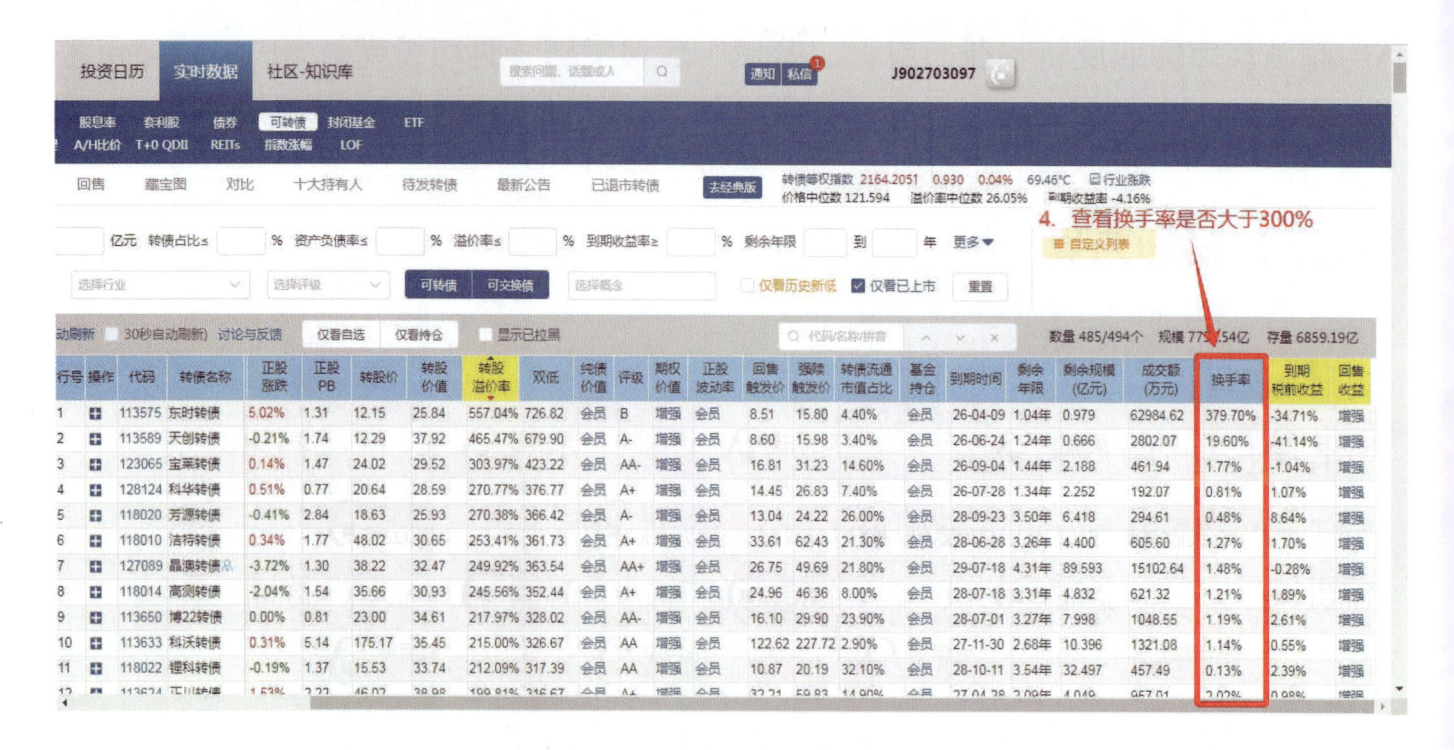

3. 剩余规模小于3亿元。

工具：集思录 https://www.jisilu.cn/ 。

剩余规模越小越好，越小越容易引来资金炒作。

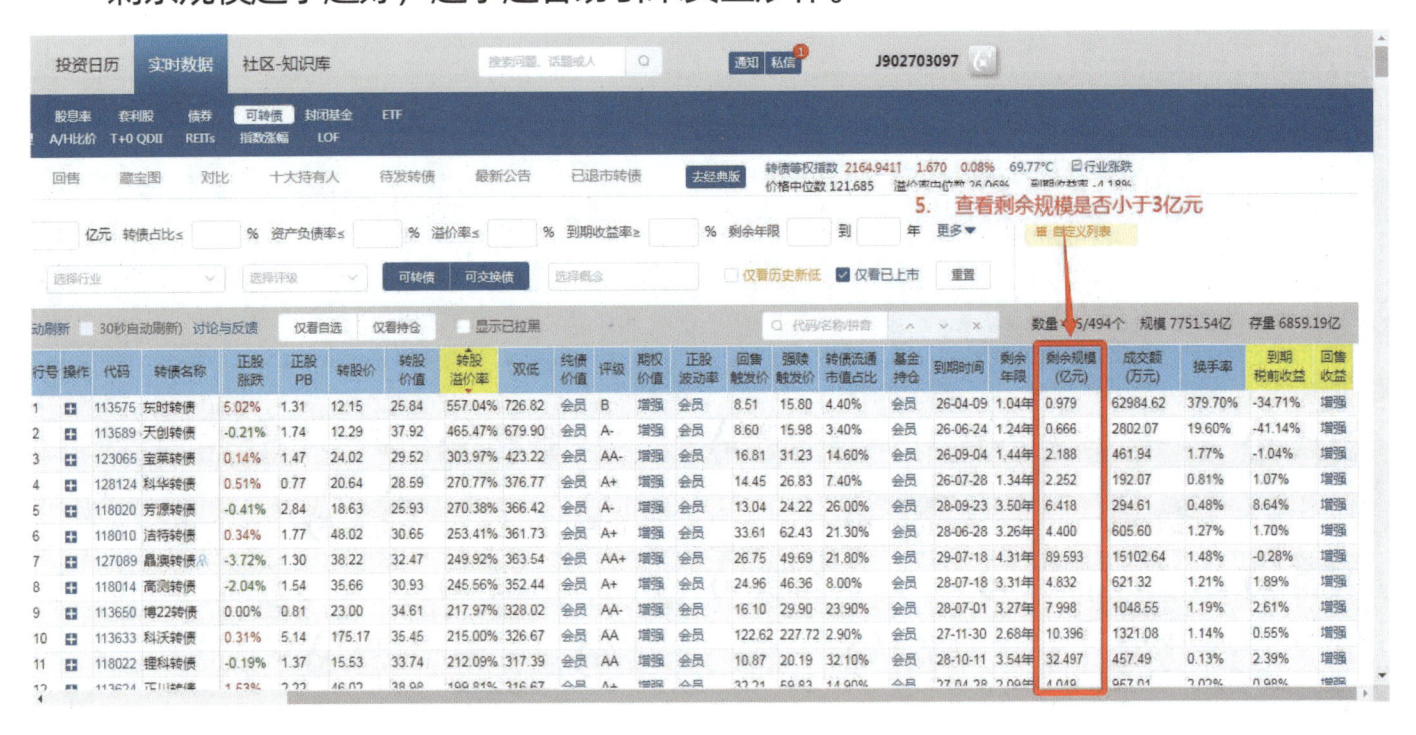

4. 转债剩余年限大于6个月。

工具：集思录 https://www.jisilu.cn/ 。

排除剩余年限小于6个月的可转债，规避强赎风险。

可转债短线套利模型

5. 正股题材具备话题性。

工具：同花顺电脑版软件。

正股所属题材要有炒作属性，如ST、重组、蹭热点等。

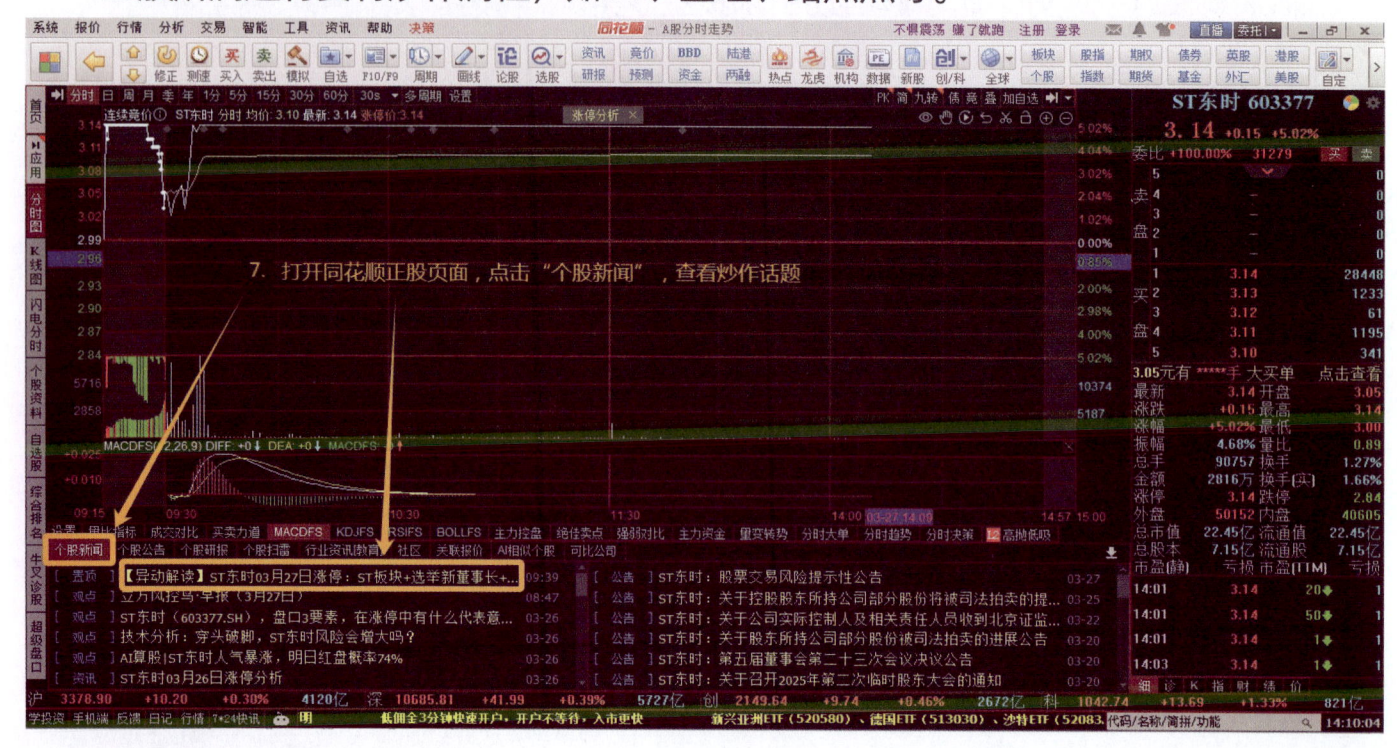

第二步：买入可转债。

1. 放量下跌大于10%且分时图MACD底背离时。

工具：同花顺电脑版软件、证券账户。

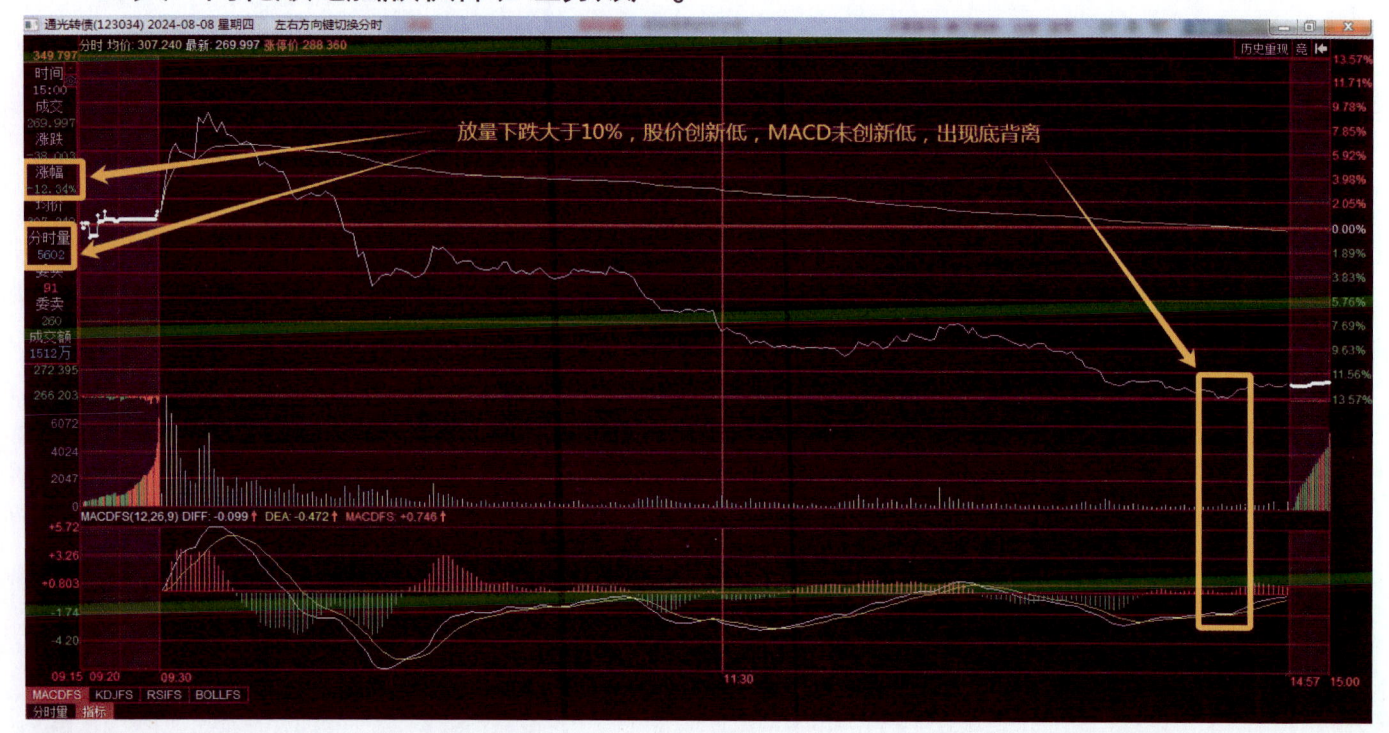

2. 放量突破分时图前高且正股同步拉升。

工具：同花顺电脑版软件、证券账户。

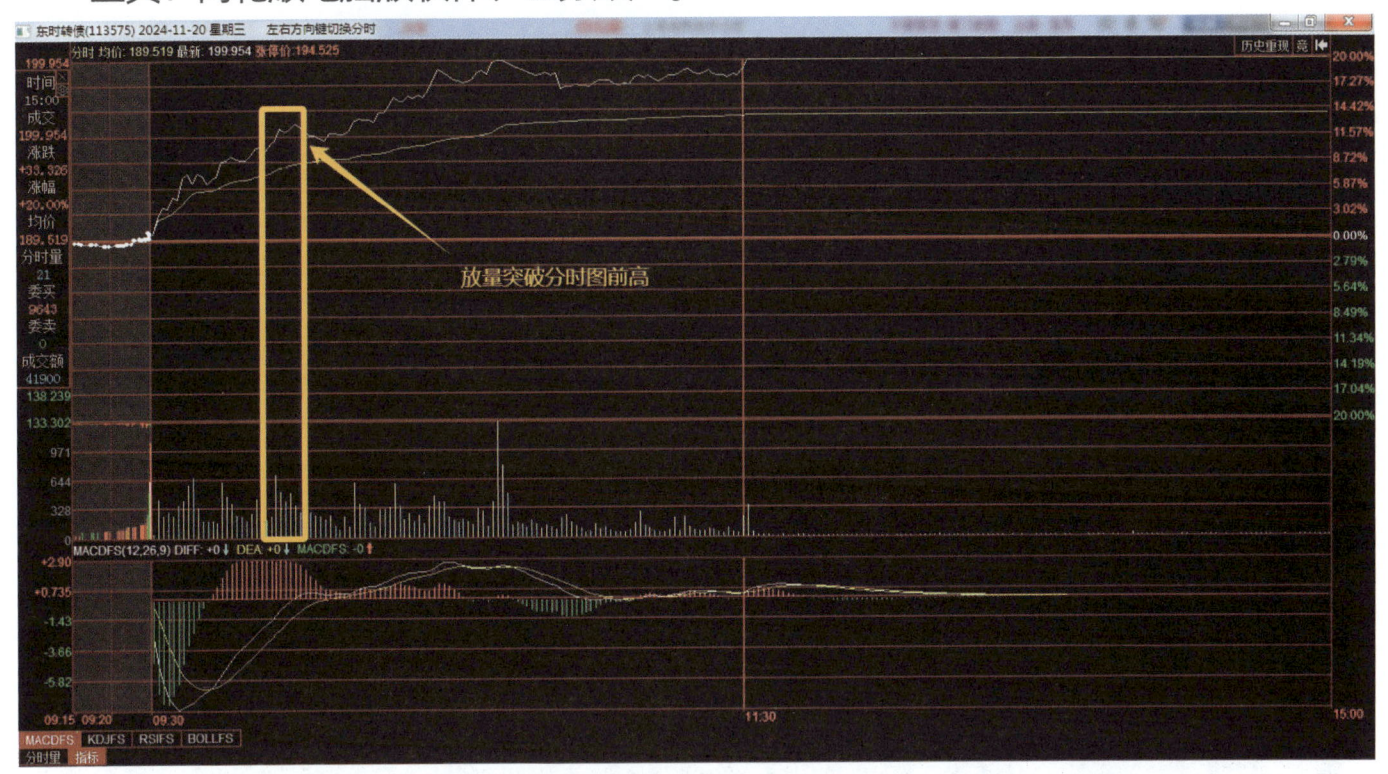

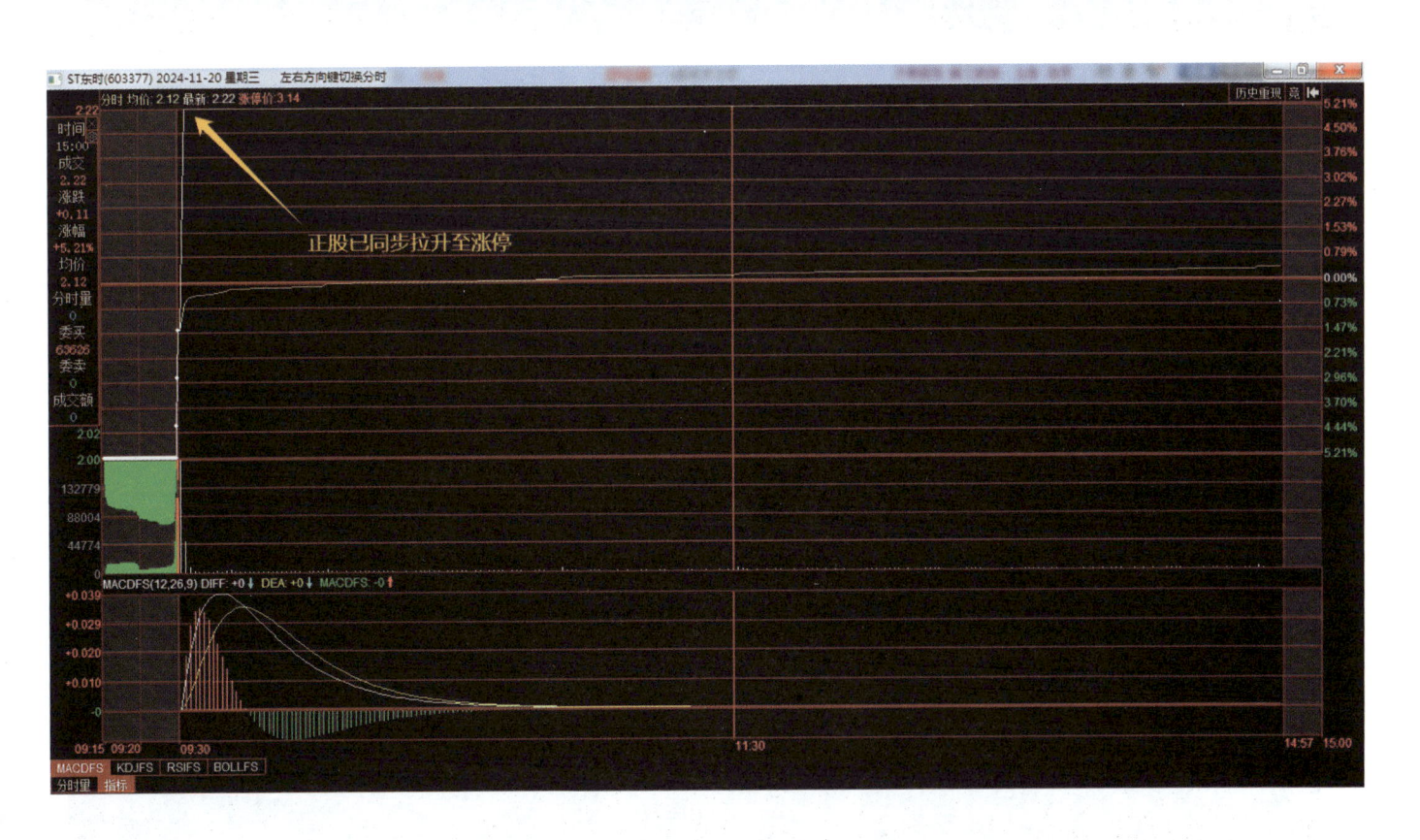

第三步：卖出可转债。

1. 买入收益大于5%时止盈卖出。

工具：同花顺电脑版软件、证券账户。

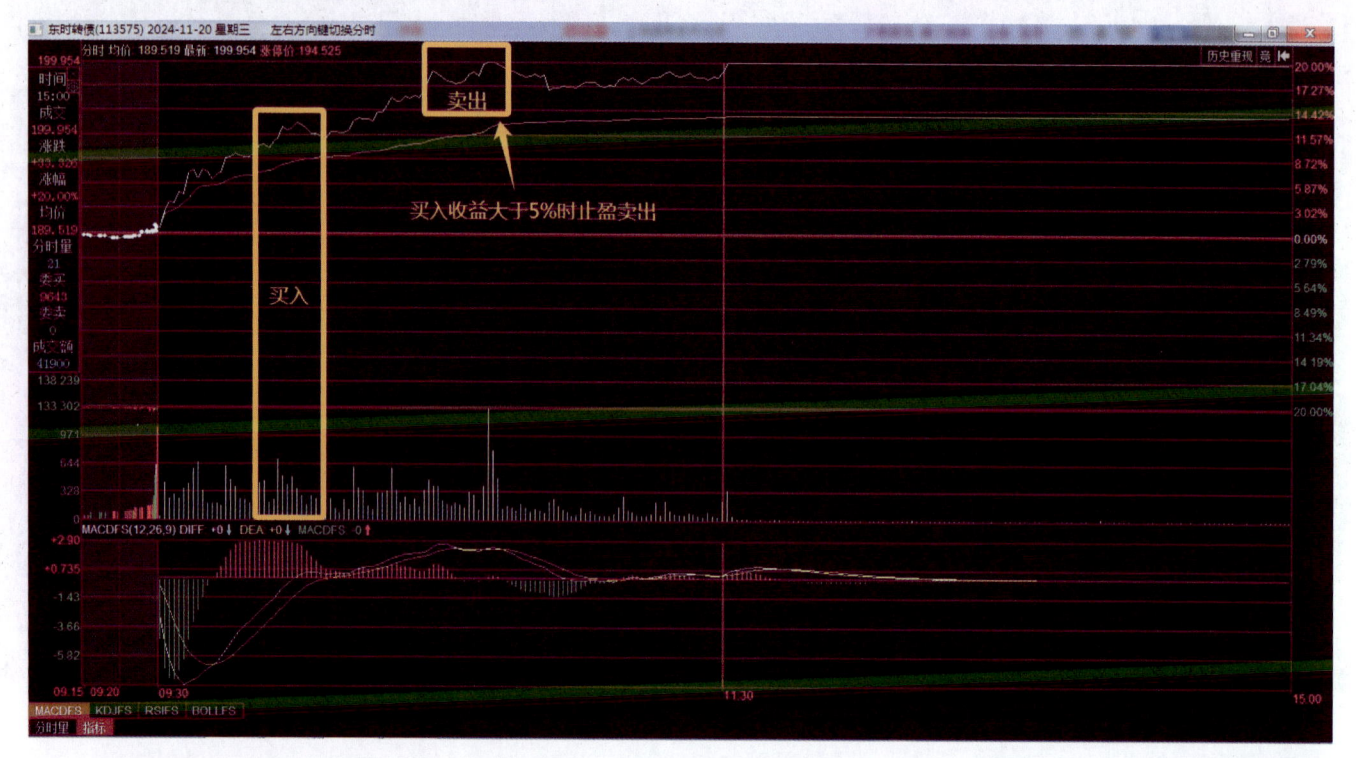

2. 跌破买入价3%以上时止损卖出。

工具：同花顺电脑版软件、证券账户。

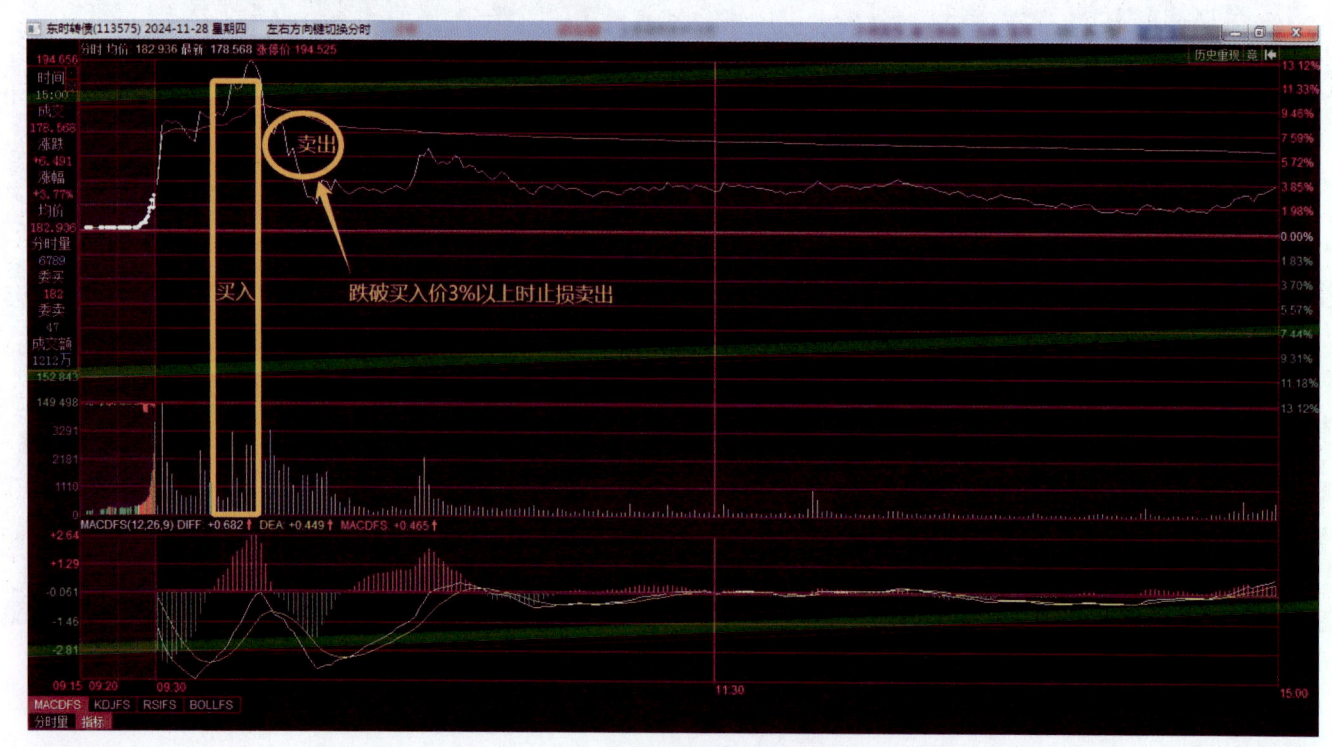

可转债基金

"股市崩了也不慌，牛市来了跟着涨！"是不是完全符合你的期待？这就是可转债基金吸引人的特点。可转债基金不是暴富神话，却是99%散户不知道的致富密码！因此可转债基金也被称为小白必看的"宝藏基"。

一、特点：股市债市"两头吃"

股债混血儿：买它=买债券+买股票期权！跌时有债底"安全气囊"，涨时能转股"赚大钱"。

稳中带猛：熊市跌得比股票少，牛市涨得比债券快，堪称"震荡市躺赚神器"！

二、优势：亏小赚大

是否怕亏钱？债底保本，到期还钱，比炒股安全！

是否嫌赚的少？转债价一飞冲天，收益秒杀定存！

是否没时间盯盘？基金经理帮你盯条款、抓转股，懒人必备！

三、类型对比：风险收益吊打普通基金

对比项	股票基金	纯债基金	可转债基金
风险	高	低	中低
收益	高	低	中高
适用行情	牛市	熊市	任何行情通吃

四、使用场景：这4种人必买

1. 股市菜鸟：想赚钱又怕被割"韭菜"。
2. 震荡市老司机：行情上蹿下跳，它比"过山车"稳。
3. 牛熊转换期：猜不准涨跌，直接"我全都要"。
4. 养老钱/教育金：保本优先，但还想偷偷增值。

五、终极意义：资产配置的"万能钥匙"

1. 攻守一体：涨时能打，跌时能扛，长期持有稳如泰山。
2. 复利奇迹：年化收益率8%~15%，历史数据告诉你：财富魔力！
3. 散户逆袭：用债的钱，赚股的利，这才是真"无本取利"！

下面具体分析可转债基金熊转牛套利模型。

六、可转债基金熊转牛套利模型

（一）套利空间（15%~30%）

根据2020年至2025年可转债基金市场数据及策略回测，大型可转债基金熊转牛期间的套利空间通常在15%至30%之间，小型可转债基金的套利空间可达到50%以上。如天弘添利LOF，在2021年可转债市场走牛时，就达到了55%以上的收益。具体收益大小取决于持有周期和止盈策略。

（二）套利原理

可转债基金熊转牛套利逻辑，本质是通过可转债具有的股性与债性双重属性，即股市走牛后推动可转债市场联动走牛，与可转债市场走熊后引发的债券市场保底属性，形成下有保底、上不封顶的收益特性，获取可转债基金在熊转牛期间的收益。

（三）套利方案

第一步：筛选可转债基金。

1. 支持T+0交易。

工具：同花顺电脑版软件。

符合这个标准的可转债基金主要有两只，即可转债ETF（511380）和上证可转债ETF（511180）。

2. 日成交额过亿元。

工具：同花顺电脑版软件。

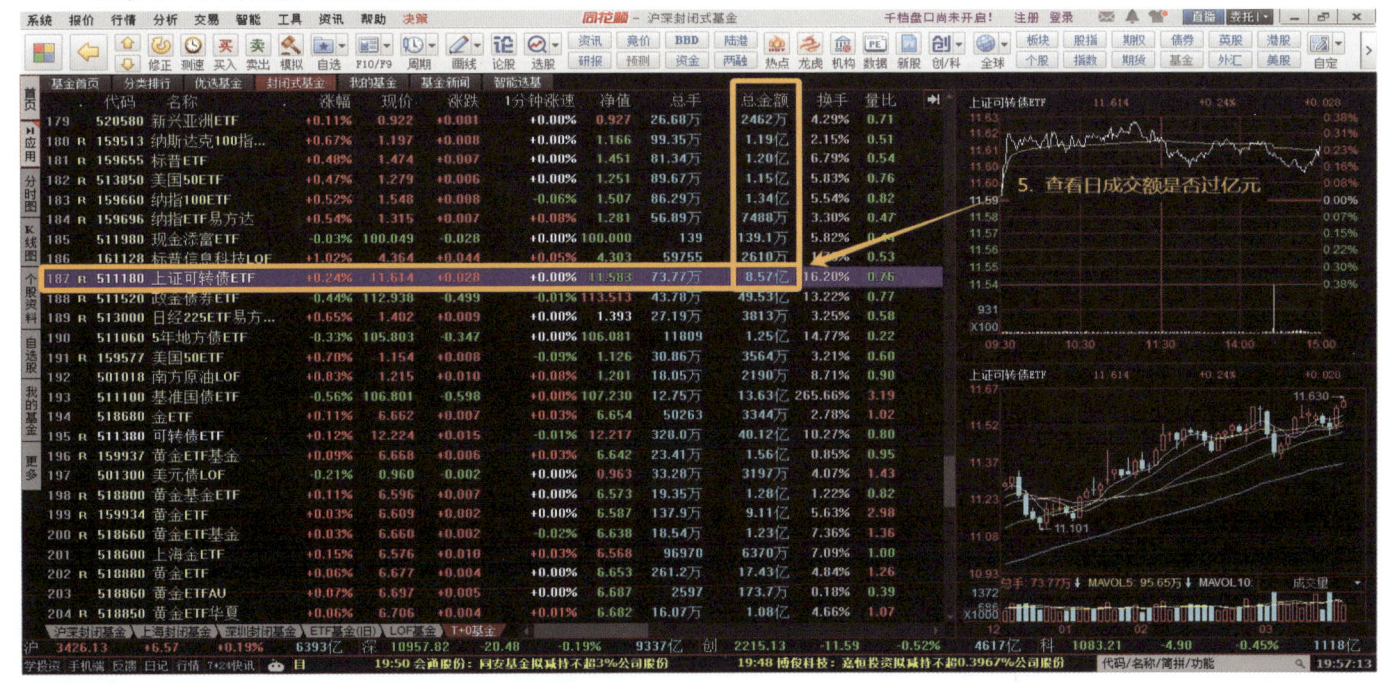

可转债基金

第二步：买入可转债基金。

1. 深证市盈率小于20倍。

工具：乐咕乐股网、证券账户。

A股深证市盈率网址：https://www.legulegu.com/stockdata/shenzhenPE。

可转债基金的主要投资对象是可转债，而可转债有转换成股票的权利。当股市走牛的时候，股票价格就会大幅提高，可转债价格也会跟随大幅上涨。也就是说，如果在股票走牛之前买入可转债基金，很可能会获得不菲的收益。

以下图为例，无论是2007年、2015年的大牛市，还是2009年、2020年的小牛市，在市场走牛前，深成指市盈率无一例外都出现了小于20倍的情况。

股票市场走牛之前都有一个特征，即深证的市盈率会小于20倍。可以利用这个特点，在股票市场走牛前买入可转债基金，获取熊转牛的收益。

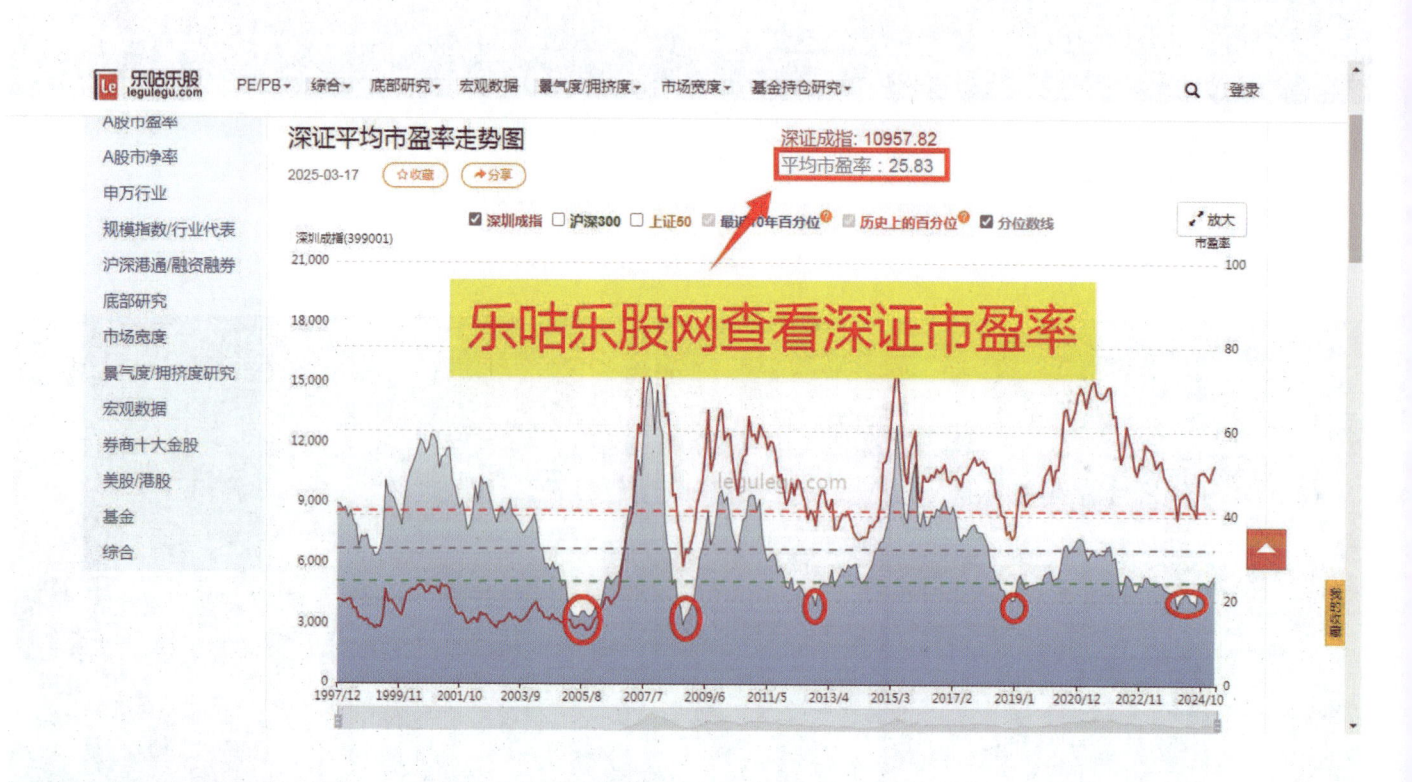

52/ PAGE

2. 低于100元的可转债数量达到总上市数量的10%以上。

工具：集思录 https://www.jisilu.cn/、证券账户。

可转债市场处于熊市时，可转债价格往往位于底部，相应地，可转债基金也会比较便宜。此时买入可转债基金，并持有到可转债价格重新走牛，可以获得不错的投资回报。

可转债市场处于熊市时有一个特征，即低于100元的可转债数量会达到总上市数量的10%以上。利用这个特点，在可转债市场走熊时买入可转债基金，可以获取熊转牛的收益。

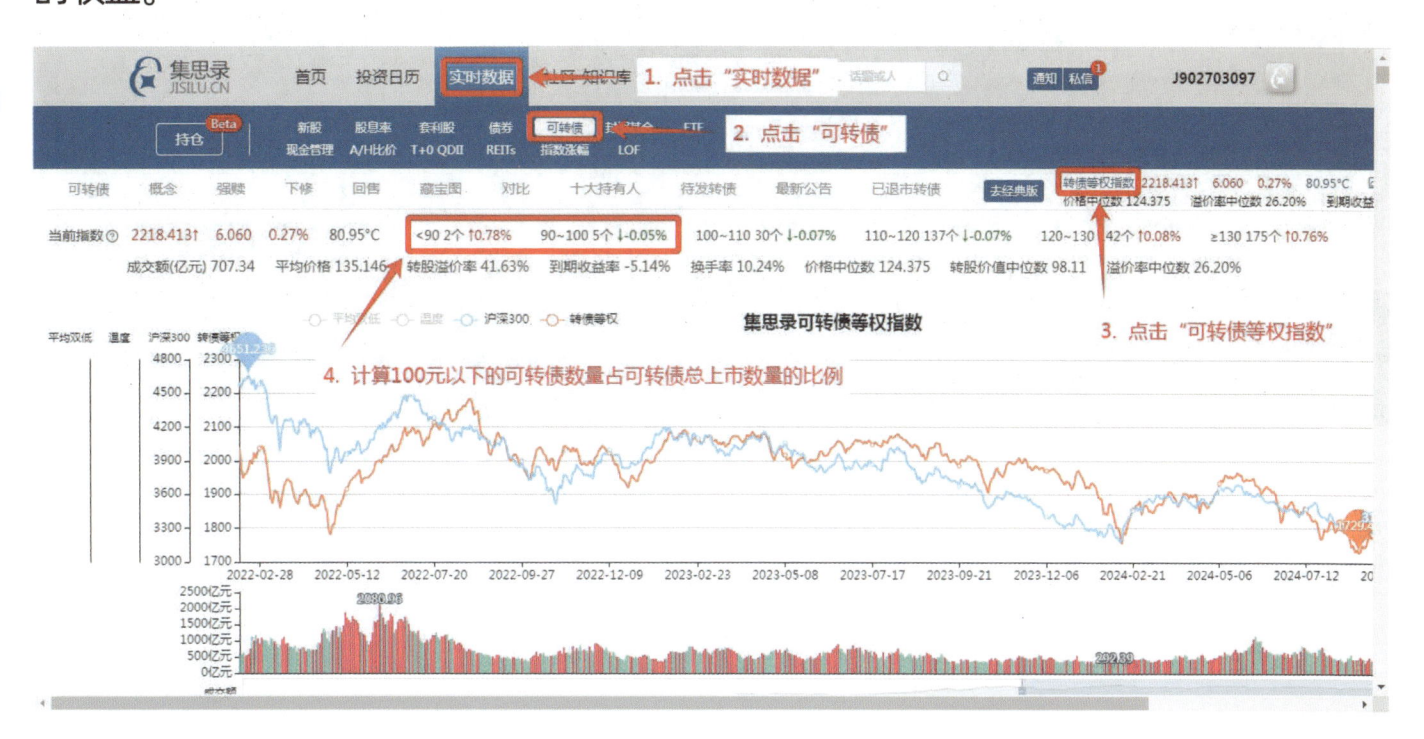

以上两个买入条件，符合其中任意一个，即可买入可转债基金。

可转债基金

第三步：卖出可转债基金。

可转债指数跌破60日均线时。

工具：同花顺电脑版软件、证券账户。

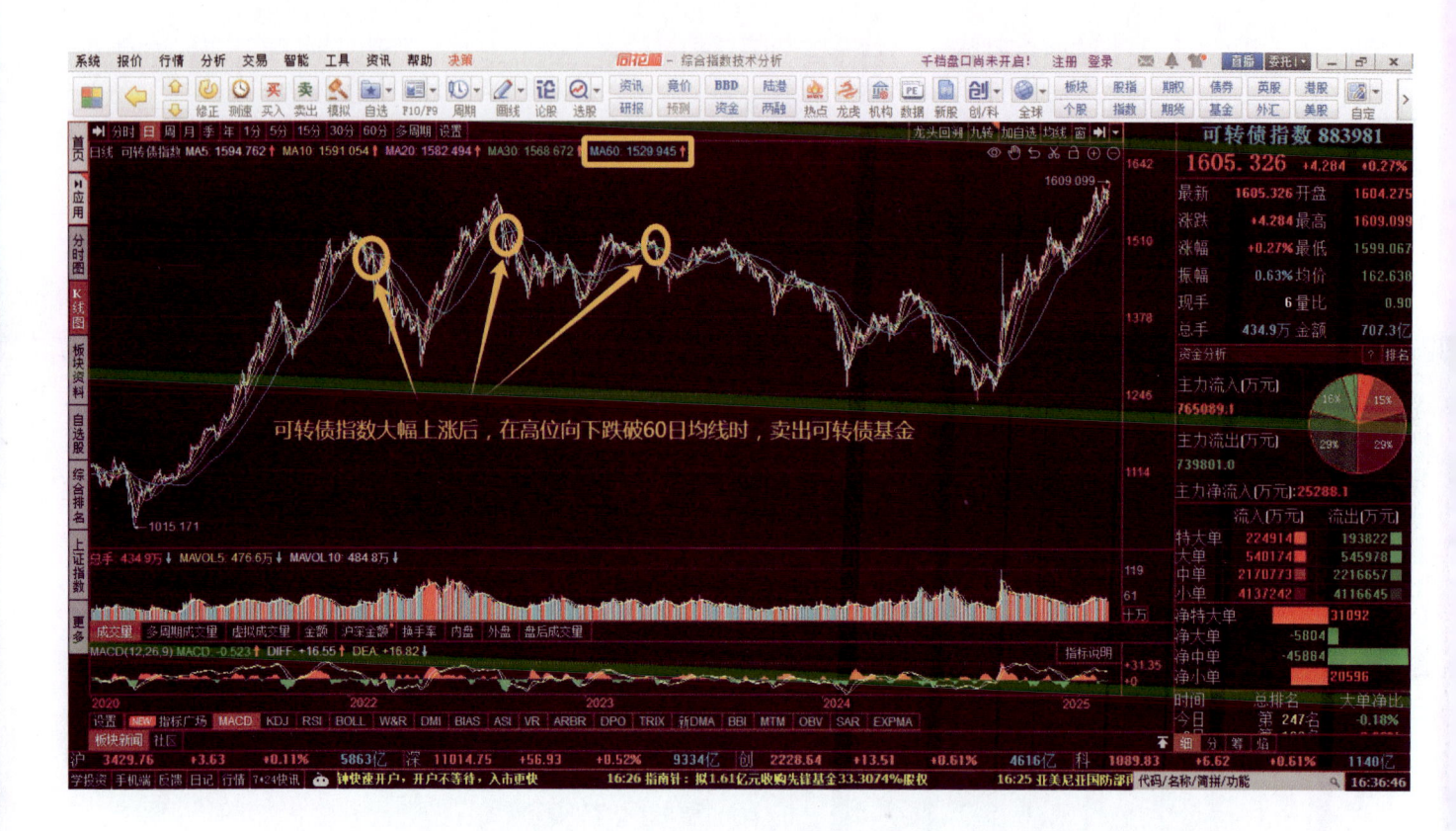

以上关于可转债分析的内容，仅作为教学案例，帮助大家掌握投资技能，不作为投资建议。